日军侵华战俘营纪实丛书

石家庄战俘营纪实

何天义 曹朝阳 何 晓 编著

知识产权出版社
全国百佳图书出版单位

图书在版编目（CIP）数据

石家庄战俘营纪实/何天义，曹朝阳，何晓编著. —北京：知识产权出版社，2019.6
（日军侵华战俘营纪实丛书/何天义主编）
ISBN 978-7-5130-6149-0

Ⅰ. ①石… Ⅱ. ①何… ②曹… ③何… Ⅲ. ①日本—侵华事件—战俘问题—史料—石家庄 Ⅳ. ①K265.606

中国版本图书馆 CIP 数据核字（2019）第 042294 号

责任编辑：宋 云 刘 江　　　　责任校对：谷 洋
封面设计：北京麦莫瑞文化传播有限公司　　责任印制：刘译文

石家庄战俘营纪实

何天义　曹朝阳　何 晓　编著

出版发行：知识产权出版社有限责任公司	网　　址：http://www.ipph.cn
社　　址：北京市海淀区气象路 50 号院	邮　　编：100081
责编电话：010-82000860 转 8388	责编邮箱：hnsongyun@163.com
发行电话：010-82000860 转 8101/8102	发行传真：010-82000893/82005070/82000270
印　　刷：三河市国英印务有限公司	经　　销：各大网上书店、新华书店及相关专业书店
开　　本：880mm×1230mm 1/32	印　　张：9.5
版　　次：2019 年 6 月第 1 版	印　　次：2019 年 6 月第 1 次印刷
字　　数：198 千字	定　　价：48.00 元
ISBN 978-7-5130-6149-0	

出版权专有　侵权必究
如有印装质量问题，本社负责调换。

《日军侵华战俘营纪实丛书》编委会名单

主　　编　何天义

副 主 编　曹朝阳　何　晓　范媛媛

编　　委　何天义　曹朝阳　何　晓
　　　　　范媛媛　何　海　李爱军
　　　　　侯志强　何　洁　王婵娟

序 言

　　虐待俘虏是日本在侵华战争中所犯的重要罪行之一，也是战后尚未解决的遗留问题之一。战时应当如何对待敌对国的俘虏，早在18世纪，国际社会就产生了施以人道待遇的观念；1899年第一届万国会议上制定的《海牙第二公约》，1907年《海牙第四公约》附件的《陆战法则和惯例章程》，1929年达成的《日内瓦公约》，都有明确规定的基本准则。

　　战俘是战争和武装冲突中落入敌方控制之下的合法交战者，战俘不是以个人身份，而是以武装部队成员身份参加战斗的。交战国拘捕和扣留被俘人员不是因为其个人有任何违法行为，而是为了防止他们再次参加作战。俘虏必须享受人道的待遇，凡属交战国军队的人员，不论其是战斗人员还是非战斗人员，在被俘以后都应享受俘虏的待遇。因此对他们不应施以惩罚、虐待，更不应该予以杀害。战后，国际军事法庭宪章把"对战俘的谋杀和虐待"归入战争罪。但在日本侵华战争中，日军制造种种借口，非但不执行国际公约，而且虐待战俘，奴役战俘，对中国和世界犯下了滔天罪行。

　　20世纪三四十年代发生的日本侵华战争，是日本帝国主义在近代史上多次侵华战争中最疯狂最残暴的一次，也是其以失败告终的一次。这场战争，从1931年九一八事变开始，到1945年9月日本投降签字，历时14年之久。中国军队进行重要战役200余次，大小战斗近20万次，歼灭日军150余万人，歼灭伪军118万人。战争结束后接受投降日军128万人，接受投降伪军146万人。但是，战争的最终胜利并不等于战争的每个阶段都取得了胜利，更不可能是每个战役和每次战斗都取得了胜利。面对武装到牙齿的日本军国主义，在军事上、装备上、综合国力上都处于弱势的中国军民，在战争中曾多次失利。中国军民遭到许多重大损失，有不少抗日军民被俘、被捕、被抓，关押进日本设在中国各地的战俘集中营（以下简称战俘营）。据近年的不完全统计，在抗日战争中，正面战场进行大会战22次，国民党军队伤亡320万人；敌后战场进行大小战斗125 165次，八路军、新四军伤亡58万多人。中国军队共伤亡380余万人，中国人民牺牲2 000余万人，中国军民伤亡总数达3 500万人以上；中国财产损失600多亿美元（按1937年美元换算，下同），战争消耗400多亿美元，间接经济损失达5 000亿美元。在死伤的3 500万人中，有1 000多万人都是战俘及劳工。据近年来核实，日军设在中国的战俘营、战俘收容所有100多个，关押战俘100余万人。

日军对中国战俘的虐待可分三个阶段、三个场所、三种形式。

第一阶段是战场上的屠杀。

对待战场上作战被俘的官兵，日军先要进行审查分类编队。按官阶分类登记，按原作战部队番号编队，伴随着这些活动，日军往往对战俘进行野蛮屠杀。对作战顽强，使日军在战场上遭到重大伤亡的部队的战俘，日军常常会对其进行"报复性"屠杀；对受伤严重、不能行走、不能当劳工使用，而又需要提供食品和医疗服务的战俘，日军常常当场施以"处理性"的屠杀；对于大批俘虏，日军本意需用这些人充当劳工，由于不按国际法对待他们，不把他们当人看，在管理上不负责任，不及时提供饮水、食品和医疗服务，致使战俘在从战场向战俘营转送途中，或由一个战俘营向另一个战俘营转送途中，几天吃不到东西，喝不上水，病饿而死，遭到"虐待性"屠杀。这种情况在南京沦陷后和中条山战役后最为严重。南京大屠杀的 30 万受害者中，有 9 万多人是放下武器的战俘。而在中条山战役中，据日军统计，中国军队被俘 3.5 万人，遗尸 4.2 万人，其实这些遗尸中大多是放下武器后被杀害的战俘。

第二阶段是战俘营的虐杀。

战俘营多数高墙电网、岗哨林立、戒备森严，对俘虏采用监狱式管理。战俘进入战俘营一般要经过验证、消毒、登记、编号、审讯、入所教育六道手续。进战俘营后，每天要进行出操点名、升降旗、呼反动口号、强制劳动、策反活动、唱反动歌、读反动报等刻板的日程。战俘吃的是发霉的玉米面、高粱米，吃不饱饭，见不到菜，喝不上水。塘沽战俘营的战俘劳工曾吃尿冰止渴，而石家庄战俘营的战俘则不得不吃老鼠充饥。住的多是木板房，睡的是大通铺，没有被褥枕头。穿的衣服又脏又破,多数人衣不遮体,一些战俘不得不趁外出劳动时捡水泥袋和破草袋捆在身上御寒。恶劣的环境,非人的生活,繁重的劳役,残酷的刑罚,加上瘟疫的摧残,折磨着战俘营的战俘,石家庄战俘营最多一天会死去200多人。在北平战俘营中,日军会把一些战俘的胳膊弯曲打上石膏进行肘死关节试验,致使这些战俘残废或丧命。济南、太原、北平、石家庄等战俘营均把战俘当作血库,大量抽其血液,并进行细菌试验、活体解剖。太原战俘营把战俘当活靶,捆绑着押到赛马场上让日军新兵练刺杀、射击,仅两次新兵练胆训练就虐杀八路军战俘340余人。由于上述原因,石家庄、济南、太原、北平几个大战俘营的死亡率都高达百分之三四十。每个战俘营附近基本上都有一个掩埋战俘劳工尸体的万人坑,死亡人数都在2万左右。

  第三阶段是就劳地的役杀。

  战俘在战俘营虽然也进行劳动,但多是临时性、应急性的劳动,而且流动性大,不固定。在其被日军输送到伪满洲国、伪蒙疆和日本本土各地后,在就劳地的劳动则是相对固定的、长期的、繁重的苦役。早在关东军劳务统制委员会第一次会议上,关东军有关人员就提出将数十万东北军俘虏及归顺兵训练、转化为劳工的计划。全面抗战爆发后,日军陆续把30万战俘从华北强掳到伪满洲国,日方称其为特殊工人,后来又改为辅导工人和保护工人。之后又将战俘强掳到伪蒙疆、华中、华南、日本本土、朝鲜半岛及东南亚等地服苦役。在管理上多数与普通劳工隔离,由军队和警察负责监管。日军从中国强掳到日本本土的 4 万名劳工中有 2 万人是战俘，日本称为训练生。战俘在各就劳地的生活条件和劳动条件普遍很差，但比较地看，东北比华北恶劣，国外比国内恶劣，煤矿、铁矿比一般工厂恶劣，秘密军事工程比一般军事工程恶劣。战俘劳工在被役使过程中，饱受冻、饿、病、累的折磨，死者很多。押往伪满洲国的战俘劳工的死亡率，低的有百分之十几，高的达 40%。押往日本的战俘劳工死亡率约占 17%，有的作业场死亡率达 52%。

总之，不论在俘获地、战俘营，还是就劳地，日军和日伪管理人员对战俘的虐待一直没有停止，肉体上的摧残，精神上的折磨，经济上的剥削，政治上的压迫，直到战俘的生命终结。

战后的东京审判和各国的 BC 级战犯审判，已经证明日本政府、军队和相关企业在战时严重违反了国际公法和国际公约，犯有虐待战俘罪、残害平民罪、强掳劳工罪、侵犯人权罪。但因种种原因，战后审判对日本奴役和虐待中国战俘劳工的罪行追究却很不彻底。据日本法务省官房司法调查部编纂的《战争犯罪审判概要》（1973 年 8 月）中记载，由英、美、澳、荷、法、菲及中华民国提出的 BC 级审判起诉书中，有关俘虏收容所人员占全部起诉案件数的 16%，被起诉人员的 17%，判处有罪的 27%，处死刑的 11%。在战犯审判中，因虐待俘虏被起诉的案件仅次于宪兵犯罪的案件。但这些案件多由英、美、澳等国审判。设置战俘营最多、战俘受虐待最重的中国，参与对日本虐待战俘案件的审判却很少。日本在中国战场上犯下的残杀战俘的滔天罪行，只有南京大屠杀中的指挥者等少数战犯受到了审判。日军在中国建立战俘营虐待战俘劳工的种种罪行，只有济南等少数战俘营的管理者受到了审判，而对日军在伪满洲国、伪蒙疆、华北、华中、华南等地奴役战俘劳工的罪行基本上没有进行任何惩处。对掳往日本本土的战俘劳工，在135个作业场中，只有花冈、鹿岛等个别作业场的管理者受到了审判。20世纪50年代，中国最高人民法院特别军事法庭审判在押的日本战犯时，华北几十个战俘营中只对济南、太原、保定、洛阳4个战俘营的日本管理人员进行了审判。而以上审判只是对犯罪当事人的战争犯罪责任进行追究，并没有对日本政府和相关企业虐待奴役战俘劳工所造成的人身伤害、经济损失、精神损失、家庭损失等进行审判。既没有向受害者谢罪，也没有向受害者赔偿。反之，日方还竭力销毁罪证，掩盖事实，否认罪行。

《海牙第四公约》第3条规定："如果情势有必要，违反本公约之'陆战规则'规定的交战者，应付出赔偿，该交战者应对其武装部队中一部分人所做的行为负责。"国际法还规定追究战犯的战争责任没有时效限制。根据这些法律，第二次世界大战中的侵略国德、意、日奴役和虐待同盟国战俘的问题，被受害者列为没有解决的战争遗留问题，在20世纪80年代又被提了出来。经过多年的斗争，1999年2月，德国政府和企业拿出100亿马克（约合53亿美元）建立了"记忆、责任和未来基金"，对受害的战俘劳工进行赔偿。

早在德国全面解决战俘问题之前，美国和加拿大就已对战时关进美国和加拿大集中营的日本侨民进行了道歉和赔偿，美国总统给每位受害者发了致歉信，每人赔偿了2万美元（当时约合16万元人民币）。加拿大同美国的道歉方法和赔偿金额基本一致。继德国之后，奥地利也仿效德国的办法建立了强制劳工赔偿基金，对欧洲的战俘劳工进行赔偿。在英国，政府没有支持战俘向日本索赔，英国政府却为第二次世界大战时被日本奴役的英国战俘受害者每人提供了1万英镑（当时约合15万元人民币）的补偿金。然而，侵占中国14年、造成中国3 500万人死伤的日本，不承认侵略战争，不承认侵略罪行，不承担侵略责任。

国际上有一种说法，如何对待敌对国的战俘，可以看出一个国家和一个民族的文明程度和道德水平。日本军国主义在战时没有按国际公约对待中国战俘，而是虐待、奴役、残杀中国战俘。战争结束时，又烧毁文件档案，掩盖罪行，企图蒙混过关。战争结束后，当中国战俘劳工向日本政府和相关企业提出索赔要求时，他们又制造种种借口予以否认，加以阻挠。

从20世纪80年代开始，中国民间对日索赔在日本法院立案28件，其中战俘劳工索赔案15件。尽管经历了十几年的漫长诉讼，但都被日本法院以"国家无答责""时效问题与除斥期间""请求权放弃"等理由判决败诉。2007年4月27日，日本最高法院单方面解释《中日联合声明》，以中国政府放弃战争赔偿为由，判定中国民间受害者丧失索赔权。

因为日本政府对历史遗留问题没有正确的认识和积极的态度,所以中国民间对日索赔问题至今还没有得到解决。

人类进入21世纪,实现民族和解、捍卫世界和平、建设和谐世界逐渐被提上议事日程,特别是存在众多历史问题和现实问题的中日两国及亚洲各国更为关注这一话题。第二次世界大战结束70多年来,中日两国人民为促进中日友好做了大量工作。日本民间团体帮助中国劳工争取受害赔偿就是一个例证,建立在中国、日本及亚洲各地的战俘劳工纪念碑就是例证。但日本右翼团体却处心积虑,倒行逆施,不断进行干扰破坏活动。近年来,日本在政治上越来越右倾化,在历史问题上大开倒车,否认侵略历史,掩盖侵略罪行,妄图翻案复辟,使中日关系降到最低点,战争遗留问题的解决也更加渺茫。中国受害者希望日本能向德国学习,正确对待历史问题,勇于承担历史责任,在深刻反省的基础上妥善解决战俘劳工这一战争遗留问题。

一个偶然的机会,我们选择了战俘、战俘营、战俘劳工这个课题,并为此进行了30年的调查研究。30年来,在有关部门和民间组织的支持下,我们先后召集战俘劳工代表大会5次,地区性战俘劳工座谈会20余次,走访征集战俘劳工口述资料1 000多人,征集有关资料3 000多万字,整理打印900余人的《战俘劳工访谈录》共计400万字,为400多位战俘劳工录制了音像资料,并刻录了光盘。

在旅日、旅美、旅加华侨的支持下,我们于1995年编写了一套4卷本《日军枪刺下的中国劳工》;于2005年编写了一套5卷本《二战掳日中国劳工口述史》；于2007年编著了《亚洲的奥斯威辛——日军侵华集中营揭秘》；于2008年编写了《日军侵华集中营——中国受害者口述》；于2013年编著了《日军侵华战俘营总论》。此外，还参与编辑了10卷本《日本侵略华北罪行档案》及《日军侵略华北罪行史稿》等40多部抗战类相关书籍。这些著作填补了日本侵华罪行、战俘英勇反抗史的研究空白，为解决日本侵华战争的遗留问题提供了史料和证据。但这些著作多为史料性、专题性、实证性、学术性著作，受众面较小，可读性不强。为了让广大群众特别是青少年，了解战俘劳工这一特殊群体，了解他们艰难困苦的悲惨遭遇，学习他们英勇不屈的斗争精神，我们从全国众多战俘营中选择了平津、石家庄、济南、太原、洛阳五个规模较大、关押战俘较多的战俘营的素材，编写了一套"日军侵华战俘营纪实丛书"。在这些战俘营中，有不少共产党八路军战俘进行的英勇反抗斗争，而斗争最坚决的是抗大二分校抗三团的干部学员，其中有不少是长征到延安的老红军，到华北办抗大的新八路。他们在日军"五一扫荡"时被俘，关进石家庄战俘营后，组建了秘密支部，在伪满阜新煤矿后举行了"新邱暴动"。于是我们单独为他们立传，编写了一本《战俘营的"抗三"》。全套书共6册。

这套丛书是根据战俘幸存者的回忆和口述，及各地残缺不全的文献和档案整理编写的，文中的人名、时间、地点可能有不准确的地方，加之时间仓促，水平有限，书中可能有许多偏颇疏漏之处，请广大读者谅解，请幸存者、当事者加以斧正。

  为了增加书稿的真实性和客观性，揭露日军奴役掳杀战俘劳工的滔天罪行，我们从书报刊物上选编了一些图片，由于种种原因，未能找到原稿的拍摄者。这里我们向有关的拍摄者和编辑者表示感谢。看到这本书的原图作者，请同我们联系，我们将付微薄的稿酬。

何天义

2018年11月1日于石家庄

裸体群雕（代序）

"呜——"

随着一声火车的长鸣，一台灰黑色的蒸汽机车，拖着一列长长的闷罐车，缓缓驶入石家庄火车站。

站台上，不知什么时候早已布满了荷枪实弹的日伪军，三步一岗，五步一哨，如临大敌，戒备森严。

几乎与火车进站同时，几辆军用三轮摩托，带着几辆军用卡车也驶入站台。从车上走下几个日军军官，一条日本军犬也从车斗里跳下来，冲着进站的车头狂吠。日本军官上前喊了一句，止住了军犬的叫声，车站上的日本小队长和车站内的一个公务人员急忙跑过来，向刚到的日本军官汇报着什么。

随着日军军官的到来和列车进站，站台上的日伪军也紧张起来，哨声、喊声、跑步声，乱成一团。

一列闷罐货车怎么引来日军这样的惊恐和紧张？

人们注视着缓缓停下的列车。

"哐当""哐当""咯吱""咯吱"……火车头慢慢腾腾，哆哆嗦嗦地停下了。但列车的惯性还在向前推进，车厢与车厢之间的挂钩发出一连串杂乱无章的撞击声，车轮与铁轨之间也发出一阵撕心裂肺的摩擦声,进而又加剧了车站的紧张气氛。

火车终于停稳了,从车上跳下一群押车的日本兵,随车押运的日军小队长与在站台上接应的日军小队长会面后,急忙跑上站台,向站台上的日本军官敬礼报告。

根据日军军官的指示,押车人员和接站人员分头拥到各节车厢的门口。日军士兵和翻译用生硬的汉语叫喊着:"到站了,统统地下车!"

"快快的,下车站队!"

车厢门打开了一尺宽的小缝,门缝里露出一个个蓬头垢面、破衣烂衫、面黄肌瘦的中国士兵,原来这是一列战俘列车。

图1 石家庄战俘营,原来是人间地狱,如今是人民游乐的公园(何天义研究室拍摄)

裸体群雕（代序）

这些战俘是日军在1944年春夏为打通中国南北的交通运输线，在河南洛阳一带作战时俘虏的国民党军官兵。他们在战场被俘后，先被关押在洛阳西工战俘集中营。有的被押着修复洛阳到郑州的铁路，有的被押着拆卸洛阳到潼关的铁路，更多的人被转往外地去当劳工。因为在洛阳作战的日本华北方面军——零师团原驻华北重镇石家庄，并且建立了一个庞大的战俘集中营，所以几个月的时间，就往石家庄战俘营送来了一万多名战俘。这是第几批，这批多少人？恐怕连接站的日军士兵也记不清。因当时洛阳到郑州的铁路不通，平汉线铁路郑州大桥被炸，战俘们只能拖着疲惫伤病的身体徒步行走，从洛阳北面渡过黄河，再步行到新乡或安阳搭乘火车，然后再押送到石家庄。一些伤病战俘因走不动或走得慢，被日军士兵活活刺死在路旁。因为路况不好，沿途有八路军游击队袭击，加之盟军飞机常来轰炸，火车不得不走走停停，从徒步行军到乘坐汽车，再到改乘火车，先后走了六七天。

日军让战俘们下车，却不把车门完全打开，而是只开个小缝，让车里的战俘一个一个往下跳，下来一个捆一个，每人捆一只胳膊，最后捆成长长的一串。

一个战俘因腿部负伤，行动不便，下车困难，门口的日军用粗鲁的语言大骂一声，一把将其拽下来。因为没有思想准备，这个战俘一头栽倒在站台上，鲜血立即流出来，旁边的难友看到这种情况，忍无可忍，举起拳头就要同这个日本鬼子拼命，身后另一个难友急忙将其拉住："不能蛮干！"说着上前一步，扶起摔伤的难友。

各车厢的战俘们慢慢地鱼贯而下，一个日本兵嫌战俘下得太慢，就跳上车，端着刺刀往下赶。看到车厢一角趴着一个战俘，他上去就是一脚："快快起来！"可是这个战俘仍然一动不动，日本兵用脚狠蹬了一下，使地上的战俘翻转过来，原来他早已死去。日军士兵嘴里嘟囔着，又没好气地踢了一脚。

"人早已被你们折腾死了，难道还不放过吗？"一个战俘愤怒地吼道。

日本兵想发作，但看到车厢内一双双仇恨的眼睛，只好忍着性子，端起枪，逼着几个战俘把死难者连拖带拉地弄下车。

因为这趟战俘列车路途遥远，又走走停停，所以像这样的死难者几乎各车厢都有。一些中国士兵在战场上同敌人作战而负伤患病后，得不到及时治疗，被俘后几天吃不上饭喝不上水，有的还遭到敌人的酷刑审讯，肉体折磨，特别是一些患病严重者，一上车就昏迷发烧，没等送到石家庄就失去了宝贵的生命。

战俘终于下完了，死难者被扔上一辆卡车，重伤不能行走者被押上另一辆卡车，分别拉走了。剩下的战俘和轻病号被捆成一串串，站成四路纵队，在敌人的刺刀威逼下向前走着。

战俘队列从协和路（今建设大街）到共存街（今民生路），又从大经路（今大经街）走上和平路（今东马路），队伍在街心缓缓而行,这几条街经常有战俘队列来来往往,人们已经不觉得稀奇,似乎已熟视无睹、麻木不仁。不过,从人们的眼里,仍然可以看到敬重、惊恐、可怜、同情、担心、忧虑等各种不同的情绪。也许他们为中国有这么多不甘屈服的抗日儿女而自豪,也许他们为自己同胞的未来命运而担忧……

行进中的战俘们,各有各的心思:沉思的、冷漠的、麻木的、失望的、无所谓的、听天由命的……看到街道两旁不景气的店铺,看到敌人奴役下的人民,看到陌生的城市,他们似乎想得更多。他们不知道敌人要把他们押往什么地方,也不知道自己的未来会怎么样,只能盲目地、迟钝地、机械地跟着队伍行进。

走着走着,街道的南侧出现一堵高墙,墙上架着电网,墙角和门口筑了几个高高的岗楼,岗楼上端枪的日本兵注视着大墙内外,看着这走近的战俘队列。

队伍渐渐走近大门(今电视机厂宿舍北门处),人们看清了门口白漆黑字的木牌子——石门劳工训练所。这就是人们所称的"杀人魔窟南兵营""人进鬼出的阎王殿",即日军设在石家庄的战俘劳工集中营。

战俘队列被带进战俘营的大门,在广场上列队点名,由押送部队的日军向战俘营的日军按照名册进行移交。

就在这时,又有几辆卡车满载着一批战俘开进大门,这是日军在石家庄周围各县"扫荡"中抓来的抗日军民。与火车大批运送相比,像这样用汽车运来战俘的情况,虽然每次

石家庄战俘营纪实

图2 石家庄战俘营每天都强迫战俘劳工升降日本及汪伪的汉奸旗帜（藏本厚德拍摄，上羽修提供）

不多，但三天两头都有，有时一天来几批。

清点移交后，管理人员给战俘们松开捆绑的绳索，由日军管理人员和翻译列队训话：

"支那士兵们，你们反抗大日本帝国被送到这里，皇军不杀你们，却让你们在这里接受教导训练，给你们悔过自新重新做人的机会，将来还要给你们安排职业，所以必须严格遵守所内的各项规矩……"

翻译简短介绍了入所须知后，几个穿白大褂的日本医兵走上来，"女战俘那边的去！其他的统统地脱掉衣服！"

日本医兵喊了几遍，战俘们没有人动。光天化日之下怎么让脱衣服，当着女战俘怎么能脱光衣服，中国的传统文化不允许这样做，再说教导训练为什么非要脱衣服？

裸体群雕（代序）

战俘们不知道日军到底要干什么？有的说，日军可能要进行集体大屠杀；有的问，屠杀为什么要脱衣服，是不是要把我们送进绞肉机，做肉馅、肉饼……

看到人们不动，翻译介绍说，脱衣是要进行全面消毒，没有什么危险。不过在当时的中国，人们对"消毒"这个词还比较陌生，也不知道日本人要他们如何消毒？

"脱就脱，大不了一个死，看他到底要干什么？"队列里有人带头脱起来，其他人也开始解衣服，一些人仍不肯脱，日军用木棍、枪把、皮鞭打过去，强迫着大家脱，于是广场上几百名战俘脱了个一丝不挂。虽然已是春夏之交，但天气还是有点凉，一丝不挂地站在室外，一些体弱的人冷得上牙打下牙，浑身颤抖哆嗦。

战俘们刚刚脱下的衣服，被集中在一起拉走了，一个铁钉，一根火柴，也不让留下。战俘们随身携带的钢笔、手表、戒指、钱币也被统统收走，从此再也不会回到他们身边了。因为，在过去检查时，有的战俘把钱币、戒指等贵重东西含在嘴里，握在手里，夹在腋下，藏在鞋里，所以日本兵现在连鞋也不让战俘穿，光脚赤身站队，一个个做张嘴、举手、下蹲动作，一个个进行检查，看是否隐藏了什么东西。

经过检查的裸体大军，被带到广场北侧一排没有围墙的席棚前。席棚下，摆着一排汽油桶，地下埋半截，地上露半截。桶里盛的是说白不白，说黄不黄，又混浊又肮脏的冰冷的石碳酸（苯酚）水。

日本医兵让战俘们往水桶里跳，战俘们迟疑不动。谁也

· 7 ·

不知道这是什么水,也不知道跳下去会有什么结果。战俘们都不愿意跳下,几个日本兵抬起一个战俘就扔进汽油桶里,这个战俘强站起来,日本兵又将其头摁在水里,如此两三次,算是完成了消毒过程,才将其拉出来。

"大家不用怕,桶里盛的是石碳酸消毒水,日本人怕你们带进病毒,所以都要在这里消毒,来这的人都要先过这一关,大家跳进去把头和身体在水里涮一下就行。"一个被从战俘营送到煤矿、逃回根据地又被敌人抓住,第二次被送进战俘集中营的战俘,低声向难友们介绍着情况。战俘们的顾虑才被打消,一个个地跳进汽油桶里,进行所谓的"消毒"。

说是涮一涮,但日本兵要求从脚到头都得进水。一个战俘的身体稍稍下蹲,水刚到脖子就站起来,被在一旁监督的日军发现了,日本兵走过去,二话不说,一下就把这个战俘的头摁在水里,半天不松手,险些把这个战俘憋死在水里。

一个战俘被日军摁下时,由于眼睛没有及时闭上,药水进了眼睛,眼球被腐蚀了,跳出水桶后,眼疼得半天睁不开。有的没注意憋气,使药水钻进鼻子和嘴里,被刺鼻肮脏的药水呛得一个劲儿恶心呕吐。

战俘们从水里出来后,日本兵并不马上给他们衣服,也不给擦身子的毛巾,而是把他们带到操场上,让他们光着屁股在广场上跑步。一圈、两圈、三圈……直到这批人都消完毒,把身上的水跑干,才让停下来。一些体弱有病者没跑两圈就晕倒在操场上,战友们只能含泪将其抬到一边,轻轻地呼唤、抢救……这时,日军让先前入营的战俘从仓库里拉

图3　日军对石家庄战俘营中的战俘进行训话（藏本厚德拍摄，上羽修提供）

出一捆捆破旧的衣服，有棉衣，有单衣；有军衣，有便衣；有白的，有黑的；有绿的，有黄的；有的破烂不堪，有的沾满血迹。

旧衣服放了两堆，左边一堆是上衣，右边一堆是下衣。战俘们排成一字长队从中间走过，由先来的战俘劳工给新来的发衣服，每人只准领取两件，一件上衣，一件下衣，不准挑选，碰上什么拿什么，冬天可能给你一身单衣，夏天可能给你一身棉衣，有的破鞋前面露着脚指头，后面露着脚后跟，有的上衣缺胳膊少袖子，有的下衣半截裤腿，长短不齐，跟叫花子差不多。

看到这一切，人们会想到什么呢？把人不当人看，像动物一样一丝不挂地轰来赶去，这在人类历史上，在世界范围内，恐怕也不多见。

在古罗马的角斗场上，赤身裸体的角斗士被拉出来进行决斗，可以看到这一场面；在日本相扑比赛的赛台上，赤身裸体的选手在进行比赛时，可以看到这一场面。但那只是少数人，是体育运动，即使这样，角斗士和相扑选手们还有一块兜裆布。然而这里成百上千的人却一丝不挂。

这算什么"消毒"，这是对战俘劳工的虐待和羞辱，是对战俘劳工的打劫和掠夺，是对中华民族的种族歧视和人格污辱。

这就是战俘们跨进石家庄战俘集中营的第一幕，接着是登记、审讯、编队、奴化教育、繁重的劳役、疾病的威胁、背井离乡的劳工输出……

从1938年初建，到1945年日本投降，石家庄战俘营连同与之相配合的军、警、宪、特的小监狱，关押抗日军民约5万人，约2万人被折磨而死，拉到附近的万人坑埋了，约3万人被送到外地当劳工。

在华北，石家庄的战俘劳工被送到井陉煤矿、京西煤矿、大同煤矿、宣化铁矿、塘沽盐场等地。

在东北，石家庄的战俘劳工被送到阜新、北票、本溪、抚顺、鞍山、鹤岗、虎林、弓长岭、兴凯湖以及中苏边界等地的军事要塞、矿山工厂。

在日本，石家庄的战俘劳工被强掳到福冈、长崎、长野、大阪、岐阜、秋田、鹿儿岛、名古屋、北海道等数十个作业场，修水坝、筑机场、采矿挖煤、装卸货物。

在侵略者的奴役下，石家庄战俘营的 5 万名战俘劳工，大部分被抛尸荒野，客死他乡，变成冤魂，只有少部分生还故里。可在解放后的一些政治运动和"文化大革命"中，不少人又被戴上叛徒、汉奸、特务的帽子，多次受到冲击，遭到不公正的待遇。

他们经历了人间少有的痛苦，遭受了人间少有的磨难。他们的命运，反映了中华民族受列强凌辱的命运；他们的足迹，凝结了中国人民誓死抗争的经历。他们中不甘屈服的共产党员和中华儿女，身陷囹圄，心系祖国，同侵略者进行了一次次顽强的斗争，谱写了一曲曲激昂的悲歌。这里我们将通过石家庄战俘营以及从石家庄押往各地的战俘劳工的命运和足迹，用鲜为人知的历史资料再现这一历史，从而揭露日本侵略者对中国战俘劳工的奴役、虐待、残害，驳斥那些伪造历史、歪曲事实、替侵略者辩护和贴金的谎言！

目 录

一、他们是怎样踏进地狱之门的 …………………… 1
  1. 他已拉了手榴弹弦 …………………………… 2
  2. 地道放进毒气之后 …………………………… 4
  3. 跳井摔昏之后 ………………………………… 5
  4. "大鼻子思想没有娘" ………………………… 7
  5. 火车与铁甲车相撞之后 ……………………… 9
  6. 他们是怎样变成八路的 ……………………… 12

二、初建的战俘营 …………………………………… 14
  1. 华北重镇石家庄 ……………………………… 14
  2. 铁丝网强圈的南兵营 ………………………… 20
  3. 军阀和财阀的交易 …………………………… 21
  4. 劳工教习所的筹建 …………………………… 22
  5. 初期的两种惩罚 ……………………………… 26
  6. 关帝庙的来历 ………………………………… 29

三、地狱里的煎熬 …………………………………… 33
  1. 阴森的监狱 …………………………………… 34
  2. 入营六道关 …………………………………… 36

3. 刻板的日程 …… 38
4. 非人的生活 …… 40
5. 繁重的劳役 …… 43
6. 残酷的体罚 …… 44
7. 瘟疫的摧残 …… 47

四、战俘营的女战俘 …… 49
1. 初进女牢房 …… 49
2. 战友相遇 …… 53
3. 我崇拜我父亲 …… 57
4. "小洋马"的失踪 …… 61
5. 她想掐死亲骨肉 …… 66
6. 《石门新报》的舆论欺骗 …… 69
7. 赵玉英被关小监狱 …… 70

五、怕死鬼与硬骨头 …… 76
1. 宁死不屈的李凤鸣 …… 76
2. 贪生怕死的朱占魁 …… 78
3. 卑鄙的"美人计" …… 79
4. 反省洞——地牢 …… 81
5. 以死抗争的王文波 …… 85

六、"特别支部"的秘密活动 …… 88
1. 组建党的同情小组 …… 88
2. 建立秘密支部 …… 90
3. 统称"六月特支" …… 92
4. 伪善岂可粉饰 …… 94

5. 刺杀冈村宁次的密谋 ········· 99
　　6. 让革命火种四处播扬 ········· 101

七、改编劳工训练所 ··············· 103
　　1. 难以接受的工作 ············· 104
　　2. 被俘的八路团长 ············· 107
　　3. 地下工作小组 ··············· 114
　　4. 战俘营的情报战 ············· 119
　　5. 配合盟军飞机轰炸 ··········· 124

八、朝鲜翻译金村之死 ············· 127
　　1. 同情战俘的金翻译 ··········· 127
　　2. 掩护女战俘 ················· 130
　　3. 惩治色魔小饭沼 ············· 133
　　4. 保护无辜民众 ··············· 136
　　5. 处理断粮罢工 ··············· 138
　　6. 金村的两次宴请 ············· 140
　　7. 办公室的枪声 ··············· 142

九、此起彼伏的暴动 ··············· 145
　　1. 逃跑越狱的备忘录 ··········· 145
　　2. 首次冲杀——"二月暴动" ····· 149
　　3. 流产的计划——"五月暴动" ··· 152
　　4. 军营夜惊——"六月暴动" ····· 155
　　5. 摔碗为号——"九月暴动" ····· 156
　　6. 血腥镇压——"十二月暴动" ··· 158

十、从战俘营到万人坑 …………………… 167
1. 寻找万人坑 …………………………… 167
2. 休门村的拉尸队 ……………………… 169
3. 棺材板与尸体垛 ……………………… 171
4. 三人抬五人 …………………………… 172
5. 休门义地——万人坑 ………………… 173
6. 把活人当死人拉出 …………………… 175
7. 到底埋了多少人 ……………………… 178

十一、特别挺进队起义 …………………… 181
1. 此孙毅非彼孙毅 ……………………… 182
2. 组建兴亚工作队 ……………………… 186
3. 进驻获鹿感化院 ……………………… 189
4. 马志强冀晋请令 ……………………… 193
5. 以假乱真巧应付 ……………………… 195
6. 酒后心声身惹祸 ……………………… 198
7. 扩编特别挺进队 ……………………… 200
8. 铲除日伪敌警特 ……………………… 203
9. 与武工队配合作战 …………………… 206
10. 杨玉生太行传讯 ……………………… 210
11. 杀敌起义奔太行 ……………………… 212

十二、黎明前的黑暗 ……………………… 218
1. 濒临死亡的病人 ……………………… 218
2. 派往上海的特使 ……………………… 222
3. 地下党紧急营救 ……………………… 225

4. 王子兴根据地受命 …………………………… 227
　　5. 地下军在行动 ………………………………… 229
十三、石家庄战俘在东北 …………………………… 235
　　1. 所谓特殊工人 ………………………………… 235
　　2. 对战俘的野蛮奴役 …………………………… 239
　　3. 战俘劳工的反抗斗争 ………………………… 243
　　4. 大反攻时的武装斗争 ………………………… 247
十四、石家庄战俘在日本 …………………………… 249
　　1. 掳往日本的石家庄战俘 ……………………… 249
　　2. 强掳东瀛的悲惨遭遇 ………………………… 250
　　3. 掳日战俘的反抗斗争 ………………………… 255
　　4. 战俘劳工在北海道的斗争 …………………… 262
主要参考文献 ………………………………………… 267

一、他们是怎样踏进地狱之门的

战争的胜负往往不以基层部队指战员的意志为转移，特别是具体的战役和战斗，更不以战争的性质和人心的向背来决定。它取决于指挥员的指挥艺术和决心，取决于战斗员的作战勇气和战术技术，也取决于战场上敌我力量的对比。正义的战争在战略上、总体上、局部战役中处于劣势地位时，即使指战员再勇敢、再高明，他们参加的战役和战斗也难免不失利。特别是1940年百团大战以后，当日军集中了数倍于八路军的兵力，对华北抗日根据地一块一块地进行疯狂"扫荡"时，八路军领导的抗日军民损失十分惨重。不少抗日军民被俘、被捕、被抓，被押送到石家庄等地的战俘集中营。他们是怎样跨进地狱之门的，我们询问了数百个当事人，每个人都有自己的苦难遭遇和斗争经历，有的暗淡，有的辉煌；有的软弱，有的刚强；有的令人汗颜，有的可歌可泣。这里不妨先看看几位当事者被俘的经历。

1. 他已拉了手榴弹弦
——王铭三的被俘经历

王铭三被俘后化名王志恭,是山西临汾东关人,从小失去父母,被叔婶收留,经常过着乞讨的生活。1936年3月,红军第一次从陕北东征山西时,收留他参加部队,在红一军团二师当兵。他参加了红军西征,翻越六盘山,在甘肃会宁迎来了红军三大主力会师,参加了第二次国内革命战争最后一战——山城堡战斗。抗战全面爆发后,他被编入八路军一一五师司令部通讯班,东进华北,首战平型关。随后,副师长聂荣臻创建晋察冀抗日根据地,他先后在晋察冀军区抗敌剧社、冀中军区火线剧社、冀中军区特务团、冀中军区除奸部工作。他12岁参军加入共青团,13岁转为中共正式党员,14岁任冀中军区火线剧社副分队长,15岁成长为八路军除奸人员,任一二零师特务团二营特派员,成了一名坚强的革命战士。

1940年8月反"扫荡"时,他患了疟疾病和雀蒙眼(夜盲症),同火线剧社的6个战友随病号队活动,在河北唐县贤庙村养病时被日军包围,100多名伤病员进行了反击,但终因缺少武器,火力不足,除几十名战士光荣牺牲外,其余全部被俘。当时,王铭三身上只有两颗手榴弹,开始与敌人遭遇时就掷出一颗,炸伤几个日本兵。后来他和3个战友被敌人围在一个大坑内,他们商量用最后一颗手榴弹英勇献

一、他们是怎样踏进地狱之门的

图4 王铭三,山西临汾人。1940年患病被俘,先押至保定战俘营,后押至石家庄战俘营。三进小监狱两进战俘营,在敌人严刑面前不屈服,英勇机智保护同志,后被押送河北井陉煤矿当劳工时逃离虎口(何天义研究室拍摄)

身。几个人于是抱在一起,王铭三含着悲痛、愤怒、自豪的心情举起手榴弹,拉出了手榴弹的导火线。

周围的日本兵一见此情,吓得急忙趴在地上。可是手榴弹冒了一股白烟,没有爆炸。十几个日本兵端着刺刀围了上来,见是几个小孩,又空着手,便掉过枪托把他们打了一顿。又看见一个突围负伤的八路军战士不能行走,日本兵连刺数刀,直到刺死不动才住手。

日军要被俘人员集合转移,王铭三看到跑不掉了,才把藏在身上的党章毁掉。他以一个除奸人员的立场出发,暗中给大家做工作:"敌人审问时,不要讲真名,不要出卖同志,要寻找机会逃跑归队。"王铭三被俘时,年仅16岁。敌人把

· 3 ·

他们押到保定，首先关押到保定东兵营，此后又转押到石家庄战俘集中营。

2. 地道放进毒气之后
—— 张立言的被俘经历

张立言原是冀中七分区的，1942年日军"五一扫荡"时，他从特务营调到工兵连当指导员，在敌人"扫荡"中分散活动。他带一个排活动在安平、深泽两县的滹沱河两岸。敌人采取"拉网式"战术，"扫荡"相当残酷。工兵连换了便衣同敌人周旋，炸火车、扒铁道、炸碉堡、破公路，用各种办法打击敌人。

一天夜里，他带的工兵排转移到深泽县白各庄宿营。后半夜，十七团第一营也转移过来，和他们住在一起。这个营是七分区的主力，目标很大，敌人拼命追赶，他们被包围了。敌人把大量兵力集中在白各庄，战斗从早晨一直打到晚上。傍晚五六点钟的时候，一营领导命令他们排下地道先冲出去。他们下地道后，一营的机关干部也下了地道，留下两个连突围，但只有少数人突出去了。

天快黑时，地道口暴露了，敌人往地道里施放毒气，地道里的人被呛得喘不过气来，很快都窒息了。接着敌人挖开地道往外拖人，把抓到的人拖到西北角的空场上，并对其泼凉水，凡是活了的，都拉到了深泽县，连男带女被俘有100多人，张立言就这样当了俘虏。十七团宣传股长黎亚被俘时穿的是军衣，还带着一支小手枪。张立言穿了两套便衣，为了掩护战友，便趁天黑脱给了黎亚一套。在深泽县住了一夜，第二天，敌人用汽车把他们押送到石家庄战俘集中营，后来又被送到伪满洲国充作劳工。

3. 跳井摔昏之后
——庞绍斌的被俘经历

庞绍斌是冀南军区第二军分区二十三团七连连长，1943年2月，由军分区司令员吴成忠率领，开展敌后游击战争。一天晚上，他们在隆平县魏家庄宿营。天亮前，放出的游动哨回来说："有情况。"他急忙出门，看见一些群众向驻地走来，就问："你们是干什么的？"

对方回答说："是檀金良的人。"他误认为对方是统战军。后来，听见有日本兵的说话声，立即明白这些人是化装的敌人。他转身想跑，却被对方一把拉住，寡不敌众，他被敌人抓住了。

在押往尧山的路上，他心里想，部队知道了现下的情况，一定会来救；如果部队不来，就要想法逃走，或者跳井死去，绝不能就这样当俘虏。

眼看快到尧山了，也没见部队的影子，逃跑的机会也没有。这时，他看到路旁有口水井，于是趁敌人不备，猛跑几步跳了下去，想一死了之。

等他清醒过来，已在敌人的监牢里，同屋的难友告诉他，他已经昏迷了一宿半天，而且负了伤。隔了一星期，敌人对他过堂审问："你是干什么的？"

"我是通讯员"，他回答。

"通讯员为什么带短枪？"

"行动方便。"

因为被俘时，敌人从他身上搜出一封介绍信和他的手章。

敌人就说："你姓庞，你就是庞队长！"

"我不是，我是给庞队长送信的。"

敌人见他不承认，就对他加刑，用棍子打、鞭子抽。他说："你们能打出来消息就随便打吧。"就这样，敌人折磨了他一个小时。后来，又有两次过堂，结果都与第一次一样。

第四次过堂时，他还坚持说自己是通讯员，敌人在屋里嘀咕了一阵子，出来后对他狠狠地说："你不是通讯员，是七连连长，你们五连的文书已经全部交代了，再不说，我们就叫他跟你对证！"

他见敌人知道了真情，便说："知道了，你们还问什么！"

敌人又接着问："你们有多少人？多少枪？都在什么地方活动？"

他应付敌人说："一两百人，一人一条枪，二分区哪儿都去。"

"你们团长叫什么名字？"

"不认识，不知道。"

"你们的司令员呢?"

"那个给你们的布告上不是公开的吗?"

敌人软硬兼施,但他不理睬。有一次,两个汉奸让他核对连以上干部人名,并拿出一张名单让他看:"你看上面的人名都对吗?"

他扫了一眼说:"你们那么有能耐,还有错吗!"

在尧山的最后一次过堂,日军大讲建立"共荣圈",还对他进行策反:"你们的人等着你呢,你出去他们就会把你打死,现在你只有拿起枪来打他们。"

他说:"好,你等着吧。"

他在尧山监牢里受酷刑,被审问,内心对敌人痛恨极了,心想总有一天要报这个仇。

不久敌人把他押到内邱联络所,在那里见到被捕的军分区后勤处长郝旁球,对方悄悄地告诉他说:"部队首长很关心你,知道你的气节很好,正在想办法救你出去。"郝旁球是当地人,军分区通过地下关系将其放出去了。临走时,郝旁球答应出去为他想办法。可不久,敌人就把他押送到石家庄战俘集中营。

4. "大鼻子思想没有娘"
——张墨珍的被俘经历

张墨珍被俘前在冀中九分区第一卫生所一个中心组当看护副班长,经常吃住在农村,为"坚壁"(注:坚壁清野,即坚固堡垒和收清粮食以困住敌人，从而使其不攻自退的策略）在群众家里的伤员治病。

  1944年4月21日拂晓，房东老太太告诉她们，日本兵包围了村庄，并上了房子，要她们钻进地洞。后因叛徒告密，敌人挖开她们的地洞，把她们组的几个医护人员和伤病员一块绑了起来，装上大车，从大王庄押到安国县宪兵队，因她和谷建璞是女的，敌人把她们寄押在警察局。

  关押期间，敌人审问了她们三次，都是一般的问问，着重问她们俩是不是共产党员，当时她们俩都不承认。第四次审问时，敌人让她跪下，她不跪，敌人就用军棍打她的头、身子。她不吭声，敌人气得骂她是俄国人，"大鼻子思想没有娘，不哭不叫"。

  打不顶事，敌人就抱起来抡摔她，把她抡起来摔出去，抡起来再摔出去，连续几次，她被摔昏了，全身的伤痛都不知道了，开始脑子还清楚，知道是在敌人刑场，后来就什么也不知道了。这时敌人就用凉水向她鼻子嘴里灌。慢慢地，她醒了过来，浑身疼痛，不由得叫了一声："娘！"

  敌人又骂她："大鼻子思想没有娘。"

  这时，敌人将难友谷建璞叫来看她受刑，谷建璞吓哭了向外跑，敌人又将其拉回来。两个警察架起张墨珍的两只胳膊要她立正，她不理睬。敌人当着谷建璞的面，又打了她几巴掌，把她扔回原来住的牢房，对她说："你想死，没有那么容易,等你好了再打。"

她的伤刚好些,敌人就把她押到宪兵队。敌人给了她一张纸条,是她们卫生组的组织系统表,她们中心组的人员都在上面,凡是党员的,名字上还有个小圆圈,圈下面注明是共产党员。看到这一情况,她想起组织干事上党课时的讲话:"敌人就要开始大'扫荡'了,这次敌人调兵很多,环境一定会很残酷,每个人都有被捕的可能。如果被捕了,没有人证物证,你可以不承认自己是共产党员,组织上设法营救你。如果有人证物证,那时你可以承认是共产党员,但请抱定牺牲的决心!"她想到这里,在敌人追问时,就承认了自己是共产党员。敌人奸笑说:"我们早知道你是共产党员,你就是找着肉皮子吃苦。走!"她以为敌人要枪毙她,但却把她送回了牢房。过了几天,敌人又提出了她和谷建璞,把她们绑起来装上大卡车,拉到定县火车站,送到石家庄,先关进东兵营一四一七部队监狱,后又送到南兵营石家庄战俘集中营。

5. 火车与铁甲车相撞之后
——王韵生被抓捕的经历

王韵生在平汉线东长寿火车站当站务员,主要工作是调车、搬道、写货票等杂活。1944年春节后的一个晚上,王韵生值夜班,清晨天不亮的时候,日本军队的铁甲车由新乐站开往东长寿。铁甲车沿着线路往返巡逻,进入东长寿三股道时停下了。这时，后边紧跟着开来北京到开封的快车，指定线路由二股道通过，那时中国职员都在睡觉，由日本职员副站长加藤值班，他没有确认线路，也没有叫醒中国人去搬道，就办理了通过手续，线路仍旧是向三股道开通。当时，铁甲车上的日本兵正在列车尾部休息、吃早饭，快车以每小时五六十公里的速度撞到铁甲车的后部。铁甲车被撞毁了，客车横在车站上，轨道上到处都是死伤的日本兵。据说死了十几个，伤了几十个，在快车前部卧铺席上坐着的投敌国民党军官孙殿英和庞炳勋也被撞伤了。他们两个的受伤，更增加了这次事故的严重性。据说此事故损失了3亿日元，死人尚不算在内。于是日军对车站的几个中国职员和日本人加藤予以逮捕，并送到保定警务段，会同当地日本宪兵队严刑拷问。

日本人寺内对王韵生进行了审讯，追问王韵生如何对日本军事进行破坏。王韵生始终坚持事故是副站长加藤一个人干的，和中国人没关系，审问中国人是没有道理的。

寺内一生气，就用棍子打王韵生的头，一连打了200多下。后来，王韵生用手护着头，他就打王韵生的手和手腕，直到其昏过去才罢手。

第二次审问是在夜里11点钟。那时刚过春节，天气还很冷，院中的水池内还结有薄冰。敌人问不出口供，就把王韵生的衣服剥光，戴上手铐扔进冰水池中，大概有半个钟头的样子，王韵生就昏过去了。等他醒来的时候，已经躺在一个大火炉子旁边。他才知道,日本人是把他冻昏过去,又在火炉旁烤过来的。

第三次受刑时,他被灌了两大铁壶凉水,灌进去肚子饱饱的。日本人用脚把水踩出来,再接着灌水,使他几次死去活来。他的中国同事也遭到同样的刑讯,最后还是没有问出口供。所幸的是,这次是日本副站长办理的行车手续。不然的话,他们会更加危险。

一天下午,敌人把他们拉出来,在胸前挂个号码照了相。他们以为这下完了,敌人要处死刑了。谁知第二天日本人却把他们捆起来押上火车,由保定送到石家庄,先关进宪兵队,后送到南兵营,和战俘们一起过着战俘营的生活。

一个月后,日本宪兵队又抓了一个撞车事故发生后外逃的扳道员,于是又把他们几个人押回去对口供。他们在一个月里被审问了三次,一次灌了四壶凉水加酱油,一次是狗咬,另一次打了十几个嘴巴。仍是毫无结果,本来就不是他们的责任,又哪来的口供。敌人仍旧把他们几人全部送回石家庄战俘集中营。他因两次受刑身体支持不住,浑身水肿,头发都脱掉了,去厕所也需要用手扶着墙,被敌人安排在第二病房养病,后来又被转送到北京西苑战俘集中营,后编队押往日本充作劳工。

图5 日本军方"不许可"发表的战俘照片
（何天义研究室征集图片）

6. 他们是怎样变成八路的

——武万华被抓经历

武万华家住河北省无极县农村，父亲是祖传的中医，他从小跟着父亲学医，后来在藁正新县四区青救会工作。当时他的父亲开了一个中药店,他就以医生身份为掩护,出没于城乡各地。

1943年秋,一天,他到城内看病取药,日军忽然戒严,在集市上、大街上抓了许多年轻人。因街口、城门层层岗哨封锁,他没走出去,也被抓住了,当晚押在无极县监狱里。这次被抓的人很多,日本人对其日夜轮番拷打,用鞭子抽、杠子压、坐老虎凳、被灌凉水。不承认是共产党八路军的就接着打,一次比一次厉害。只要承认是八路军或给八路军干过事的,就停止用刑。审讯完了后,他被抬到牢房里扔到草铺上。每天给两碗高粱米粥。不给盐吃,也不给水喝。

在无极监狱关押了一个多月,他们这批人都以八路军的名义被送到石家庄战俘营。一进门先被扒光衣服,进行所谓的"洗澡消毒",然后给他发了一套八路军战士脱下的旧衣服,就这样他们就变成了八路军俘虏,后来被送到日本当了劳工。在日军战俘营,这种情况很多。为了避免国际法的追究,日本军国主义说侵华战争是事变不是战争,不是战争就不是战俘,因此对被俘虏的抗日军民不按战俘对待。当维持战争需要人力时,他们又在中国各地抓捕劳工,给其扣上八路军战俘的罪名,送往日本当苦力、服劳役。

二、初建的战俘营

1. 华北重镇石家庄

说起石家庄,它的历史可以追溯到明朝。传说明朝开国皇帝朱元璋驾崩后,皇室叔侄为争夺皇位,连年征战,先是"靖难之变",后是"燕王扫北",华北平原,滹沱两岸,几遭战火洗劫,"春燕归来无栖处,赤地千里无人烟"。燕王朱棣夺取皇权、建都北京后,不得不沿袭朱元璋的移民政策,从外地向华北移民,石家庄就是由山西洪洞迁来河北、在滹沱河两岸建起的移民村之一。到 20 世纪初,石家庄还是一个 200 来户、600 多人的小庄,归属直隶省正定府获鹿县留营社管辖。

是火车的呼啸,唤醒了这个小庄。卢汉铁路和正太铁路的通车给这个小村带来了近代城市的气息。1925 年,中华民国临时政府曾命令在此筹备建市,将石家庄和休门等村合并,取两村首尾各一字,更名为石门市。但时过不久,南京国民政府又通令全国撤销市政公所,建市工作遂告搁浅。日军占领石家庄后,汉奸政权再次筹备建市。1939 年 10 月,伪中华民国临时政府正式批准设立石门市,这时石家庄又改名石门市。但当地人仍称石庄、石家庄。

石家庄素有"燕晋咽喉,南北通衢"之称。因为它背靠巍峨的太行山,面对华北大平原,又是平汉铁路、正太铁路和石德铁路的交叉点,所以一直是兵家必争之地。正如日本人岛崎辰美所讲:"横断中国大陆的两大干线之一——京汉铁路绕着资源丰富的山西,不仅成为中国经济政治交通的生命,而且在国防上是通向赤色地区的坚固屏障。因此,要了解华北,必须了解京汉线,要了解京汉线就必须了解这条线上的根据地石门。"

日本侵略者对石家庄的战略地位非常重视。七七事变爆发之后,日本华北方面军两大主力之一的第一军就由平汉线南下保定,直接攻击石家庄。第二军由津浦线南下沧州、德州,向西迂回石家庄。9月14日,日军飞机开始空袭石家庄。9月下旬,国民党第一战区命令商震的第二十集团军坚守石家庄和滹沱河北岸的正定古城。10月1日,日军向中国守军前沿阵地发起进攻,被中国守军击退。10月2日,日军小股部队火力侦察,中国守军置之不理。10月3日,日军在前沿阵地升起大气球进行侦察,然后炮火突袭,四五百名步兵越过磁河,发起进攻,遭到中国守军的重大杀伤。10月4日,日军炮袭后,用坦克开路发起进攻,中国守军在顽强抗击后,转移到第二线防御。一股敌人向正定车站迂回,把独立四十六旅野战医院等待转移的100多名伤病员和医务人员用刺刀活活戳死。得此消息,中国守军官兵义愤填膺,誓与敌人决一死战。10月5日,日军开始对正定城和火车站进行

图6　1937年10月10日，日军攻占石家庄，在市中心被炸坏的大石桥上狂欢（何天义研究室征集图片）

炮袭，进攻遭到守军的顽强抵抗。此后几天，日军在飞机、大炮、坦克配合下，向正定城步步紧逼。正定古城被日军大炮轰开一个三丈宽的缺口，双方在此展开了争夺战，守军官兵前仆后继、奋死拼杀，最后2 000余名官兵壮烈捐躯。正定火车站和正定县城相继失守，守军撤到滹沱河南岸阻击敌人。日军进入县城，残酷报复，制造了"正定惨案""朱河惨案""岸下惨案"。10月9日，日军分三路强渡滹沱河，石家庄守军面临三面受敌的危险，部队于10月10日清晨南撤，石家庄当日沦陷。10月11日，共产党员吕正操率领的原东北军五十三军六九一团继续抵抗，在石家庄东面的藁城县梅花镇连续打退敌人9次进攻，使日军伤亡惨重。日军对此进行了报复，在该村烧杀4天，烧房600余间，杀害无辜百姓1 547人，制造了骇人听闻的"梅花惨案"。接着日军又在石家庄周围各县烧杀抢掠，制造惨案10余起，在华北大地播下了仇恨和反抗的种子。

图7　日军轰炸后的石家庄大桥街东口（何天义研究室征集图片）

日军占领石家庄后，第一军司令官香月清司在石家庄火车站前举行了入城式，并把司令部设在石家庄，指挥其主力向河南、山西继续进攻。从此，石家庄成了日军在华北的重要军事基地。继第一军之后，第一一零师团、独立混成第四旅团、独立混成第八旅团、独立步兵第二旅团、华北特别警备队第四大队、飞行第二十七战队等部队先后在此驻扎。华北方面军司令官冈村宁次也曾多次来石视察，一度把作战指挥部设在石家庄，对抗日根据地进行残酷"扫荡"。

日军攻克石家庄后，为了长期占领，使其成为他们永久的殖民地，迅速进行扩建，在军事上将其作为进攻华北各根据地的堡垒，在经济上将其作为以战养战的中心，在政治上将其作为以华制华的基地，在文化上将其作为奴化中国人民的大本营。他们除在石家庄及周围经常驻有重兵外，还在石家庄大量安置侨民，七七事变前，石家庄只有3个日本侨民，两年半以后，日本侨民已超过13 000人。日本人的民会改民团，小学改中学，建立了日本神社，设置了领事馆，建设了固定兵营。

图8　日军占领石家庄火车站（何天义研究室征集图片）

二、初建的战俘营

为了实现长期占领和掠夺,日本对石家庄重新进行了城市规划,并把石太线的窄轨改成宽轨,修建石家庄到沧州的公路,石家庄到德州的铁路,并借滹沱河河道开发石津运河,计划从石家庄到天津修一条水路,把山西的煤铁、河北的粮棉和各种战略物资由水路从石家庄运往天津,再由海运送回日本。当时的石家庄已是华北地区的第五大城市之一,日军称其为他们的模范治安市。而这模范市是在日伪政权的军、警、宪、特的高压下维持的,特别是石家庄的兵营之多,在华北更是首屈一指。日军在石家庄建立了东西南北中五大兵营,有的兵营占地上千亩。还有兵站、医院、仓库、衣粮厂等军事设施几十处。而关押战俘的集中营,就是五大兵营之一的南兵营。

图9 日军占领的石家庄升平街（何天义研究室征集图片）

2. 铁丝网强圈的南兵营

1938年初夏，小麦正在灌浆，菜花吐着芬芳，石家庄休门镇南的田野里，农民们有的除草，有的耕耘，看着滚滚的麦浪，农民们都盼望着能有一个好收成。突然从市里开来几辆载着日本兵的卡车，车刚停稳，全副武装的日本兵就跳下来，在麦田里、菜地里拉起铁丝网，眼看成熟的麦子被踩倒了，嫩绿的菜苗被拔掉了，几个农民上前讲理，遭到的却是一顿毒打。

铁丝网很快就圈起来了，一圈就是几百亩。不久，日本兵押着战俘和抓来的民工，在铁丝网里用木板、油毡和铁皮瓦建起临时营房，在周围用木桩和铁丝网将其与外界隔开。随着时间的推移，临时建筑变成永久性的营房，周围也筑起了围墙和电网。每天可以看到日军扛枪拖炮列队出入，营区也不时地传出日军训练的喊叫声、军号声。因为它在市区南部，所以石家庄人叫它"南兵营"。

南兵营自从住进日本兵，就经常看到日军作战时抓来的抗日军民被带进里面，不过那时人数不多。1939年以前，驻石日军的军、警、宪、特各部门所抓的抗日军民都关押在本部门的小监狱里，随捕随审，就地处理，就地利用。真正变成战俘营是在1939年。这一年，原住石家庄的日军第一军军部迁往山西太原。而担任平汉线防务的华北方面军直属部队第一一零师团（代号鹭字3906部队）从保定迁往石家庄。该师团所属部队把在对冀中、冀南、冀西、太行各地作战、

"扫荡"时抓捕的抗日军民都送往这里。军、警、宪、特逮捕的人员审讯结束后大部分也送往这里。于是这里改成了日军的俘虏收容所。这个时期南兵营规模不大,关押的战俘劳工不多,直到1941年春夏,关押的战俘也只有几百人。而到1941年底,战俘一下骤增到数千人。为什么会出现这一变化?一个重要原因就是日本军阀和财阀的交易。

3. 军阀和财阀的交易

从华北的战局看,1940年"百团大战"后,日军看到华北战场八路军竟能集中100个团对其作战,并使日军在正太路破袭战中遭到重大损失,为进行报复,从1941年开始,日军把战略相持阶段的进攻方向改为华北战场,而重点又是八路军根据地,一次次对石家庄周围的晋察冀、晋冀鲁豫两大根据地的冀中、冀南、太行、北岳四个区进行反复"扫荡""清剿",作战的次数增加,规模增大,所以日军俘虏和抓捕的抗日军民也成倍增加。

从东北的战局看,日军占领我国东北后,建立了傀儡政权伪满洲国,为了将其变成北进苏联的作战基地,关东军和伪满政权制订了"满洲开发计划"和"北边振兴计划",并在中苏、中蒙边界建立了14个军事要塞。而要完成这些计划,所属军事工程和军需工业每年需要从华北输入近百万劳动力。因为种种原因,1941年已到3月,华北输入伪满的劳工才完成30万人次,而这一年,关东军要进行针对苏联的特别大演习。不仅日本财阀开矿挖煤需要劳动力,日本军阀要维持战争准备也需要劳动力。为了解决劳力空缺,这年4月,关东军和华北方面军签了一个协议,把日军华北作战同伪满劳工输送结合起来,即把华北作战的俘虏和各地监狱的犯人作为特殊工人送往伪满,首先满足日军的要塞工程,同时送往日本财阀垄断的矿山。华北军阀每向伪满财阀提供一名劳工,财阀给军阀付35元(后改为50元)的劳工输送费。因关东军和华北方面军的串通、日本军阀和财阀的勾结,日军把华北几个大城市的战俘收容所都扩大成战俘劳工集中营。石家庄战俘营改成石门劳工教习所,太原战俘营改成太原工程队,济南战俘营改成济南新华院,北平战俘营改成西苑特别苏生队。也就是将华北作战中抓捕和俘虏的抗日军民,经过短暂的集中教习后送往东北充当劳工。石家庄战俘集中营正是在这个时期扩建为石门劳工教习所的。

4. 劳工教习所的筹建

1941年8月,日军把石家庄(当时称石门)的俘虏收容所扩编改名为"石门劳工教习所",并把保定劳工教习所管理人员及所剩战俘分批迁入石门劳工教习所。石门劳工教习所直属日军第一一零师团司令部和华北方面军参谋二课所属的日特组织"北平六条公馆"领导,所长先由清水大尉担任,但其不常到所。不久,即委派第一一零师团的通讯联队(代号鹭字3916部队)部队长依东大佐兼任所长,原保定劳工教习所的所长波多野担任队长,负责所内一切事务。下设主任办公室、医务室、审讯室、警卫室。具体管理和看押战俘的有日军3个班30多个日本士兵。所部办公室有石川、谷川、金村3个翻译和医生、会计、情报人员等。

图10 保定战俘营战俘劳工在地铺上睡觉（何天义研究室征集图片）

为了以华制华、以俘治俘，日军从被俘人员中挑选"战俘干部"进行管理。石门劳工教习所正式成立前的筹备阶段，战俘管理机构有四个指导员，一个总班长领导几个班长。石门劳工教习所正式成立后，俘虏管理机构分设干部班、警备班。干部班先后设置审讯科、处理科、教育科、卫生科、指导科、监察科、治安科、组织科、编成科、地相科、工作科11个科（课），并设有调解委员会、办公室等。干部班各科管理普通班，普通班下设鞋工班、理发班、缝工班、菜园班、老头班、妇女班、病号班、炊事班等班。警备班开始叫"小孩班"，专门收20岁以下的八路军战士，集中训练后，协助日军在第二道门里面的铁丝网内警卫、放哨，正副班长之下也分若干小班。建所初期经常关押的人员约1 000人。在劳工教习所筹备阶段被送进石家庄战俘营的八路军战俘，有个小红军叫王铭三，20世纪80年代，笔者曾到他家访问过。

1941年3月，王铭三和战友刘均、刘忠、路平四人被日军第一一零师团司令部情报室尾川一样和翻译丁义敬由保定战俘营押到石家庄一一零师团的留置场。一一零师团进入石家庄后，司令部就设在桥西铁路俱乐部，铁路大厂一带。该师团有个通讯联队，代号3916部队，专管通讯情报工作，因队长叫木场，所以当时又叫木场部队。木场部队就住在当时的铁路大厂（1949年后的石家庄车辆厂）内，这个工厂兴建于1905年，是当时石家庄最老最大的工厂。日军一进石家庄，就将其变成军营。木场部队管理的留置场实际是小监狱，也设在这里。小监狱在厂内法国人建的那座两层楼的楼房西边，据说以前是铁路职员的宿舍，坐北朝南，三间北房，东房是厕所，南房是两间盥洗间，一圈被围墙包围着，门口和室内都有日本兵把守。三间北房被日军进行了改修，除留出一个走人的通道外，全部用橡子和方木隔成了木笼，一一零师团抓来的共产党要犯都先关在这里，经常关押着一二十人。王铭三和战友们从保定押来后也关在这里。开始，敌人对他们审讯较多，后来见得不到什么情报，就放松了。特别是王铭三，因为年龄小，敌人认为可以利用，白天就让他走出木笼，拔草种菜，干些杂活，晚上仍关进木笼里。他

二、初建的战俘营

一度还被送到日伪广播电台干杂活,几次想逃离石家庄,都没有找到机会。

1941年6月,日军准备把南兵营的临时俘虏收容所建成劳工教习所,并想以华制华,以俘虏管俘虏,就到各监狱里物色管理人员。由于王铭三等人急于走出小监狱,逃回根据地,所以当日军小监狱负责人问他愿意不愿意到劳工教习所当指导员时,他就答应了。于是他们成了日军第一批物色的战俘劳工管理人员。

王铭三到石家庄战俘营时,劳工教习所的机构刚刚组建,所内刚送来十几个战俘。不久,日军把保定战俘营同石家庄战俘营合并,石家庄战俘营人员陡然增加,由开始的十余人、几十人、百余人、几百人、千余人增加到几千人。

图11 石家庄战俘营中的战俘劳工在洗濯(藏本厚德拍摄,上羽修提供)

5. 初期的两种惩罚

清晨,天还没亮,战俘们就被战俘营刺耳的哨声惊醒,"快!快!快起床,到操场去集合,都要去,都得去。"到底发生什么事了,谁也不知道。人们急匆匆地往操场赶去,有的一边走,一边扣衣扣;有的一边走,一边提鞋。伤病员也被同伴搀扶着走进队伍。管理人员和翻译指挥队伍围成一个大圆圈,密密麻麻好几层,黑压压的一大片。大伙都静悄悄地,只听到持枪巡逻的日本兵来回走动的皮靴声。空气凝重,气氛紧张,人们意识到一场灾难又要发生。

突然,在战俘营很少露面的劳工教习所所长清水中佐在队长三宅上尉的引导下,怒气冲冲地走进人群中央。清水铁青着脸,瞪着凶恶的眼睛,用生硬的中国话大声吼叫着:"把犯人带上来!"

人群中立刻开始骚动,后边的人向前挤,想看看是谁遇到了灾难。翻译大声喊着:"安静,大家安静,不要乱动。"同时挥动棍棒,逼着人们后退。

这时,一个日本兵拉着一条眼睛赤红的狼狗,走进人圈。两个日本兵从战俘营地牢里押来一个反捆着双臂的青年战俘。他已被折磨得不能行走,被拖到了人群中央,摔在地上。他鼻青脸肿,满脸血污,嘴角上还沾着大片的凝血,上衣已被扒去,赤裸的上身遍体鳞伤。他伏在地上,用力抬起头,睁着疲惫的眼睛,向大家扫了一眼,脸上流露出一丝不易觉察的哂笑。

二、初建的战俘营

清水命令翻译宣布这个人的罪行,翻译丁义敬扯着脖子叫喊:"这个人是八路军的干部,过去他抗击过皇军,被俘后还不赎罪,不尊敬皇军,更可恨的是他无视皇军的纪律,想逃跑。现在要当众给他处罚。"

丁翻译讲完,清水向牵狗的日本兵一挥手,日本兵放开拴狗的绳索,狼狗一下子跳起来,凶猛地扑向这个年轻的战俘。一刹那,他的前胸就皮肉撕裂,鲜血淋漓,身上仅有的下裤也被撕得破碎,大腿的肌肉裂开了血口。

据说这个战俘是某军分区的组织干事,血气方刚,宁死不屈。一进战俘营,就想方设法逃跑。每次外出劳动都看路线、探消息。后来他串联了四个战友,捡了几块修厕所剩余的砖头,准备越狱逃跑。事前,担任伪指导员的王铭三已有察觉,并找其问话,劝其注意策略,但对方有戒心,没讲实情。这天夜里,他们五人巧妙地溜出牢房,趁着天黑风大,摸到门口,用砖头把两个站岗的日本兵打昏向外冲,因响声惊动了岗楼上的日本兵,于是开枪射击。结果两人逃走,两人被打死,他因腿部受伤被捉了回来,当时就被押进了地牢,后来又受尽了酷刑。

这是战俘营建立以来第一次有战俘越狱外逃,清水知道此事后,非常生气,连夜到所召开会议,而且不让战俘管理人员参加。但清水并没有向战俘们讲明真相,没敢讲已有两个人越狱成功的事,而只说这个人想逃跑。为杀一儆百,于是出现了这惨烈的一幕。

受伤的战俘痛苦地抵御着、挣扎着,开始,他还像一头狂怒的狮子与狼狗拼搏，后来，只能在地上滚动着躲避了。

清水和三宅，在旁边凶神恶煞地发出冷酷的狞笑，得意扬扬地止住狼狗的撕咬，让翻译问这个战俘："你还敢逃跑吗？"

受伤的战俘使劲睁开流血的眼睛，用微弱但很坚定的声音说："敢！只要我活着，有机会还要逃跑，我决不做你们的奴隶。"

清水一听，暴跳如雷，挥舞着东洋刀大声嚎叫，又唆使狼狗继续撕咬。受伤的战俘成了血人，慢慢地停止了反抗挣扎，只有四肢还在痛苦地抽搐着。可他还尽力断断续续地喊着："打倒日本帝国主义！"

敌人的残暴和战俘的顽强震撼了在场战俘的心。有的人惊骇得目瞪口呆，有的人恐怖地闭上了眼睛，有的人悲痛地低下了头，有的人眼里流出了同情的泪，有的人低声骂着小日本，有的人咬牙切齿，紧握拳头要与敌人拼。人圈最里层的一些女战俘低声啜泣了，但更多的是悲愤、仇恨和反抗。战俘队伍骚动了，敌人害怕有人闹事，便让日本兵和翻译用枪刺、棍棒进行镇压。

清水认为达到了杀一儆百的惩罚目的，便让翻译宣布：以后谁要逃跑，就和他一样。然后让队伍解散带回。回到牢房，战俘们压抑的感情一下宣泄出来，有的趴在地上放声大哭，有的挥着拳破口大骂，有的人沉默不语，整天不进饮食。第二天，男牢房出现了拒绝服劳役和绝食一天的反抗，日伪办公室也出现了抗日标语。三宅害怕事情闹大，没敢声张，让人把标语偷偷撕掉完事。但随意打骂战俘的事仍没有停止，夜间还增加了岗哨，加强了巡逻和查房。

在石家庄战俘营，除了日军对反抗者、逃跑者的惩罚；还有一种惩罚，是战俘们对背叛者、投降者的惩罚。

初建的战俘营，关押的大部分是八路军士兵，虽然战俘营由日本人管理，但在战俘内部还是八路军的天下，因此人们非常厌恶一些投降日军的战俘，一有机会就给他们点颜色看看。

冀西三分区五团的一个排长，在审讯时说自己是携带一挺轻机枪、两支步枪来投敌的，指导员王铭三几次找他谈话，他总认为自己投敌有功。王铭三质问他："既然你投敌有功，怎么也和我们一样受罪呢？"

但这个排长仍然对日本人死心塌地。于是，王铭三就通过翻译给日本队长汇报，说其是假投降，日伪人员将这个持枪投敌者带去审问，他死不承认，被打晕、喷醒，灌了不少凉水，最后押进了地牢。

所以在战俘营，挨打往往有两种情况，一种是被日伪人员毒打不肯屈服的共产党员，另一种是被被俘党员教训的死心塌地的投敌者。但是，随着战俘营的规模越来越大，人员越来越多，条件越来越差，管理越来越严，战俘劳工所受的奴役和摧残也越来越重。

6. 关帝庙的来历

到战俘营几个月了，仍没找到逃走的机会，可日本人每天都逼着他们对战俘们进行奴化教育，王铭三不得不琢磨着对策，看来急于归队很困难，但真心给敌人干也不可能。一个在对敌斗争中成长起来的八路军的除奸战士，斗争经历虽不长，但派遣打入、跟踪盯梢、离间反间的知识还是懂一点的，他决心利用敌人给他的便利，把战俘们组织起来，和敌人暗中周旋，伺机归队。随着人员的增加，日军对战俘的管理也严格起来，每天早晨集合点名，要战俘向日本天皇敬礼，还要指导员们宣传"大东亚圣战"的思想。王铭三像吃了苍蝇一样，心里不是个滋味，于是他每天思来想去，想找出一个既能应付敌人，又能使战友们免去向日本天皇朝拜的办法。他想起了山西老家的关帝庙，想起了身在曹营心在汉的关云长。关公在兵败下邳之后，经张辽劝说，与曹操约法三章，坚持降汉不降曹，到许昌后，尽管曹操三日小宴，五日大宴，又赠金银，又送美女，但关公对刘备仍义不负心，忠不顾死。为找刘备，悬印封金，不辞而别，护送刘夫人千里走单骑，过五关斩六将，千古流芳，历代帝王加封晋爵，民间祭祀香火不绝，关帝庙几乎遍布全国各地。他想，能不能在战俘营也建一个关帝庙，把朝拜天皇改为朝拜关公，时时刻刻提醒战俘们学习关公"身在曹营心在汉"，保持革命气节。于是，王铭三便去找另一个指导员倪欣野商议。

倪欣野原是冀中回民支队的指导员，被俘后没有暴露身份，几个月的接触，两人有了了解，建立了信任，曾多次研究如何同敌人斗争。当王铭三把自己的想法说出后，倪欣野觉得这是个好主意，于是二人便通过朝鲜翻译金村去找战俘

二、初建的战俘营

营的负责人日军队长波多野。

在所部办公室,金村向波多野介绍了王铭三和倪欣野的主意。王铭三和倪欣野便向波多野绘声绘色地讲起了《三国演义》中刘、关、张的故事,使这个对中国古代历史似懂非懂的日本中尉听得津津有味。临了,王铭三讲道:"太君不是想让战俘们服从管理吗,中国人最信奉关公,关公最忠实,最讲义气,死了之后被封为协天大帝,中国不论老人小孩,都知道关公,中国各地都有关帝庙,要想让中国战俘听话,就得要他们学关公。"倪欣野也急忙插话:"是啊,太君,不如也在所里建一座关公庙,每天早晨让战俘们朝拜关公……"

波多野信以为真,便同意了他俩的建议:"好吧,就按你们的意思办,由你们俩负责,在操场北边建一个关帝庙。"

建议被批准了,王铭三和倪欣野心里说不出的高兴,这天吃完早饭,便找来几个战俘运来砖灰,盖起关帝庙。在战俘营里,没有雕塑人才,也没有雕塑材料,给关公塑像没有可能,于是他们先用砖垒了一个一米多高的底座,然后在上面盖了一座坐北朝南中国传统式的小庙,倪欣野找来笔墨在正中间写了几个大字:"协天大帝关夫子之神位",两边写的对联是:"义气千秋,流芳百世"。

就这样,一个不伦不类的关帝庙盖好了,虽然没有巍峨的殿阁,没有精美的雕饰,战俘们却有了一个代替天皇的朝拜偶像;人们虽然看不到关公的塑像,但心中却有一个高大的形象,这就是威猛剽悍,所向披靡,忠肝义胆,身骑赤兔

· 31 ·

宝马，手舞青龙偃月刀，红脸透出刚毅，长髯显着威武的关云长。

此后，日本人再让向天皇敬礼时，他们就把队伍带到关帝庙前，向关公鞠躬。在日本士兵不在时，他们就向大伙大讲关羽一生忠勇、除暴安良、为国捐躯的事迹。

三、地狱里的煎熬

战俘集中营是日军对被抓被捕被俘的抗日军民进行奴化教育、策反利用、奴役使用、输送劳工的大本营,也是血腥镇压中国抗日军民的人间地狱。不管来自何方,不管什么党派,也不管是男是女,只要被押进战俘营,就得经历铁与血、生与死的煎熬。

1942年日军"五一扫荡"后,关押人员经常有3 000多人,最多时超过5 000人。尽管周转加快,战俘营还是"人满为患",俘虏管理机构也随之扩大。日军所内具体负责人(又称队长)先后为山宅、中村、守分等,中国翻译有丁义敬,朝鲜翻译为金村、松冈等。

战俘人员的组织机构也进行了调整,所部下设干部班、干候班、警备班、保卫班、普通班。干候班又称干训班,主要是为干部班培训人员。保卫班为警备班输送人员。为了加强管理,教习所干部班人员增加,机构简化,由原来的11个科减到处理、审问、教育、生产、卫生、调查6个科。此时的战俘营名曰石门劳工教习所,实为人间地狱。

图12 石家庄战俘营占地辽阔，图为工场和农园，远处的房子是战俘生活的牢房（藏本厚德拍摄，上羽修提供）

1. 阴森的监狱

经过一年的扩建，石家庄战俘营已初具规模，总占地面积约0.18平方公里，其中约三分之二的面积为战俘营的工场和农园。战俘营还有一个南门同日军的衣粮厂和军需仓库相连。战俘营周围是用土打的墙，约两米高，墙上有个砖帽，以防雨水冲刷。砖帽上立有木柱，柱上装有瓷瓶，加有铁丝网、电网。围墙四角有三四米高的岗楼和瞭望哨位，昼夜都有日军站岗。围墙内三五米处有一道深沟，深宽各约三四米，直上直下，沟内的土堆在沟外侧，沟外沿装有电网，沟内侧拉有铁蒺藜网。这同衣粮厂不一样，衣粮厂是围墙外有沟，不让外边人接近围墙。战俘营是里面有沟，不让里面人接近围墙。通往大门的路口设有铁蒺藜做的路挡。

三、地狱里的煎熬

战俘营内岗哨林立、戒备森严，为防止战俘劳工暴动，除日本兵警戒外，营内由战俘组成的警备班、保卫班警戒，几十米远就有一个哨位。此外，营区内还有日军的流动哨不停地进行巡逻，晚上还有探照灯扫视照明。普通战俘劳工不准接近壕沟和铁丝网，只能在指定的区域活动。为了防止战俘劳工跨越铁丝网和电网逃跑，日

图13 石家庄战俘营日军警卫住房遗址（何天义研究室拍摄）

军特意做了一次电网通电试验。他们把战俘营干部班、警备班的全体人员集合列队带到二门口的电网前观看，然后找来一只小狗，用电线将其与电网接上，日本兵拉闸通电，高压电流电得小狗吱吱地叫，身体发颤，四肢乱蹬，很快就被击死。在场的战俘劳工都瞪大了眼睛，在场的日本警备官兵却哈哈大笑。日本军官警告战俘们：跨越电网逃跑是不可能的，谁敢偷跃围墙，就是拿自己的生命开玩笑。押进战俘营的人，是很难从里面逃出来的。即使要把一具战俘劳工的尸体运出战俘营，也必须经过日军医官检查和门岗验证。日军对待战俘营的战俘如同对待犯人一样，施行监狱式的管理。

战俘营变成了血腥镇压中国抗日军民的活地狱,所以,人们称这里是"杀人魔窟南兵营""人进鬼出的阎王殿"。

2. 入营六道关

凡是进入战俘营的人都要办理验证、消毒、登记、编号、审讯、"入所教育"六道手续。特别是所谓的"消毒",即被俘人员进门验证后,都要把携带的东西交出,把所穿的衣服脱光,不管是春夏还是秋冬,都要跳进盛着苯酚水的汽油桶里洗冷水澡。只是在战俘营刚建时和日军快垮台时,或者因为材料不完备时,才不让在冷水桶里涮,而采用往身上喷洒药水的做法,但消毒这一关是免不了的。

战俘营人员很复杂,有共产党八路军,有国民党中央军,有失去信任的汪伪政权人员和伪军;有被俘的军人,有被捕的抗日军民,有被抓的老百姓;有日伪军送来的,有各地宪兵警察监狱送来的。因此日军在消毒后进行初审登记,根据不同类型编号编班。除少数人被选入干候班、保卫班外,其余都被分到普通班。而普通班又按战俘的不同身份和《千字文》的顺序"天、地、玄、黄、宇、宙、洪、荒"分成大班:

天字班(中捕班)为中央军被捕被俘人员;

地字班(中归班)为中央军投降归顺人员;

玄字班(八捕班)为八路军被捕被俘人员;

黄字班(八归班)为八路军投降归顺人员;

宇字班(八党班)为八路军中的共产党员;

宙字班（政捕班）为共产党领导的党政群团体被捕人员；

洪字班（政归班）为共产党领导的党政群团体投诚人员；

荒字班（政党班）为共产党领导的党政群团体中的党员。

凡是新押进来的被俘被捕人员，都按照入所审讯登记的身份，发给不同身份的胸牌（俘虏符号）戴在胸前，分到八个大班，每个大班又按20人编为一个小班。由教育科讲授"入所须知"教育。入所教育千篇一律，无非是讲日本人为什么要来中国，日本人对中国战俘怎样关心，要求战俘遵守所内规定。虽然战争结束几十年了，不少战俘还记得日本军官通过翻译宣讲的强盗逻辑：

"日本人为什么要到中国来呢？因为中国是日本的姥姥家。大家可能都知道，两千年前，秦始皇派徐福寻找长生不老药，徐福率领三千童男童女东渡日本，他们在日本发展壮大，建立了国家，现在要回来认姥姥、认舅舅，中国却不承认。于是日本只能用枪炮打回来……

"现在，日本是世界上最强大的国家，其他国家都比不上日本。日本皇军的武器装备是最好的，都是现代化的。皇军吃的穿的，都比别的国家好。全世界谁也打不过大日本皇军……

"你们过去都是拿着枪打皇军的，你们被俘后送到这里，皇军不杀你们，却让你们在这里接受教育训练，给你们悔过自新的机会,将来还要给你们介绍职业,所以你们应该感谢日本军队,必须严格遵守所内的各项规矩……"

接着宣布战俘劳工进营的规章制度,提出许多"不准",战俘之间不准同班外人员随便接触,学习出操不准交头接耳,休息时不准到规定外的区域活动,夜间大小便要报告批准、不准个人单独行动,等等。有时大批俘虏入营,办完这六道手续要等大半天,有的伤病战俘劳工还没过完这六道关,就进了鬼门关。

3. 刻板的日程

战俘劳工没有人身自由,每天被强制过着机械、单调、枯燥、呆板的生活,日复一日,年复一年:①点名。每天早、晚餐前两次点名,清查有无人员逃跑。有时人数查不对,会让战俘劳工在操场站大半天,查点好几次。②升降旗。早点名时升旗,晚点名时降旗,升降日本的太阳旗和汪伪政权的汉奸旗,同时举行升旗式和降旗式,军乐队奏乐,强迫战俘劳工向日本国的本土方向行鞠躬礼或注目礼。③呼反动口号。操场上竖有五块牌子,写着五个虚伪反动的标语口号:日华亲善、拥护新政权、建立大东亚新秩序、打倒共产党、消灭八路军。每天升旗后,强制战俘喊一遍,然后列队跑步做新民操。④强制劳动。战俘营每天都要组织战俘劳工参加劳动,不是在所内工场、农园劳动,就是在日军押解下,到所外衣粮厂、仓库、车站、机场、兵营等地装卸货物、土工作业、干重体力劳动。⑤策反活动。日军经常把有关人员留下开座谈会,收集情报,进行策反和收买工作。对他们认为可靠有用的人,则挑出来派往日伪政权和特务机关任职、工作,以扩充其汉奸队伍。⑥唱反动歌、读反动报。每天晚点名后,要强迫战俘劳工学唱日伪歌曲《东亚进行曲》《劳工训练所歌》等,或者分班组织读《新民报》《石门新报》等反动报刊,进行欺骗宣传,以达到其奴化、软化目的,瓦解战俘劳工的抗战意志。

但是战俘们并不愿按部就班,而是利用各种机会进行反抗斗争。石家庄战俘营的操场上有升旗的旗杆和讲话的平台,每次集合点名呼口号,总是有几个全副武装的日本兵站在台子上,日本军官讲完话有翻译用汉话讲给大家。呼口号时,有朝鲜翻译或教育科的科长领着战俘按照操场两侧的标语牌领喊口号,战俘们喊口号时必须举起右手,喊一句举一次手,而且要大声地喊。战俘们对日军的这种强制做法十分仇恨,明明是侵略中国,却偏偏说是帮助中国人建设什么"王道乐土",明明干的是烧杀抢掠的事,却硬叫人们说是"与中国人同乐"……他们认为在战场上枪对枪的拼杀,胜败很难说,打败了肯定要受气,但对手无寸铁的老百姓进行折磨,把好端端的人活活逼死,难道不是法西斯的野兽行为吗!面对现实,他们不能公开对抗,就进行了巧妙的对抗。在集合点名呼口号时,有的装病不去,有的去了不喊,有的只举手不张口,有的只张口不发音,多数人则用混杂的声音来应付。

比如在喊"打倒共产党""消灭八路军"时,一种情况是在喊"打倒""消灭"二字的前面加一个低而清楚的

"不"字音韵，另一种情况是不喊"打倒""消灭"。还有的喊"打不倒共产党""消灭不了八路军"。所以，"打倒""消灭"总是混杂的，而"共产党""八路军"的字音却是高昂而清晰的。

在喊"大日本皇军万岁""大日本帝国万岁"等口号时，则把"大"字省略，把"万岁"喊成是"完岁""半岁"或"杂岁"（北方管从猪肚子取出的肠肠肚肚称"杂碎"），实际喊成了"小日本皇军完岁""小日本帝国半岁"。多种声音混合在一起，形成了反抗的呼叫声浪，一次又一次地在人间地狱的上空飘荡，有时翻译官怕日本鬼子发觉喊声不对，而让人们重新再喊时，仍然是混杂不清的。这种表演后来成了惯例，一天两次，次次都是这样，敌人"以华制华""以俘治俘"的美梦，即使用枪刺守护也是做不成的。

4. 非人的生活

日本侵略者不把中国人当人看，常常骂其为"支那狗"，对战俘劳工就更不放在眼里，给其提供的生活条件十分恶劣。

战俘劳工住的房子是用木板搭成的，干部班以科为单位住小房间，普通班住大房间，几十人挤在一栋房子里，房子中间是过道，两边是木板通铺，上面铺张席子。人少时，每个班仅有几床破棉被，睡觉时用砖当枕头。人多时，木板房住不下，就在露天搭席棚子，地上铺席子当床，有时连席子也没有。一个大席棚长30—50米，宽7—8米。日军"五一扫荡"后，战俘人数暴涨，一个席棚内睡五六百人。晚上睡

三、地狱里的煎熬

觉时，这个人的头枕着那个人的脚，这个人的脚又搭在另一个人身上，有的人没地方睡，只能找个地方坐着打盹儿，或睡在棚外。碰上下雨天，席棚里上面漏水，下面是泥，战俘劳工衣服弄得透湿，还得靠自己的体温慢慢暖干。一些体弱患病的人，头天晚上躺下，第二天就没有再爬起来。

战俘劳工的衣服又脏又破又烂，多数人衣不遮体，常常是冬天发单衣，夏天发棉衣，不少人穿的破鞋，前露脚指头，后露脚后跟。一些战俘劳工不得不趁外出劳动，捡一些水泥袋和破草袋用草绳捆在身上御寒。

战俘劳工每天吃两顿饭，只有外出劳动的中午才加一顿。普通战俘劳工的主食是小米、玉米面和咸菜。有时改善生活给一点小咸鱼。后来没有小米，只能吃到高粱

图14 《晋察冀日报》关于石门劳工教习所的报道（何天义研究室翻拍）

米。战俘劳工盛饭用的是木板钉的箱子，多数人没有碗筷，捡一个日本兵扔下的罐头盒当碗用，用树枝或用手抓着吃饭。饭少人多，不管饱。饥饿难忍，有的到伙房边的炉灰渣里捡饭粒，有的趁外出干活捡菜叶菜根充饥，有的则捉老鼠扒了皮烧着吃。开水给得很少，日本人还不让喝生水，一些战俘

劳工干渴难忍，偷偷到农田里喝浇地的渠水，被日本人发现，常常是一顿轰赶毒打。不少人因吃高粱米喝不上水，大便干燥，解不下来，只能用手抠，时常抠得满手是血。

  石家庄战俘营东部是农田，每天都有战俘被押着去参加劳动。1942年在"五一扫荡"中被俘的张东里，这年秋天曾多次和难友们被押去劳动，因为大家都吃不饱，难友们见地里有烂菜帮子、菜根菜头，就捡起来擦洗一下啃着吃，或带回战俘食堂做汤喝。一次张东里在菜地里干活时，肚子饿得难受，就摘了两个海椒和一个秋茄子，生啃着吃。秋茄子生吃很香，有点甜味，皮子绵唧唧的，生海椒却辣得钻心，非常刺激。当他正品尝这"美味"时，被看押的日本兵看见了，上去就狠狠打了他几耳光。张东里想争辩，被难友们拉住。他心里想，吃两个鲜海椒和一个茄子就挨了几耳光，这是人间最野蛮的交换吧！

  一次，张东里和难友们被押到飞机场平地、铲草、拣石子、修飞机跑道。因为肚子饿没力气，战俘们拣石子砖头时一手拿一块送到堆集点，扯草时一根一根地扯，一根一根地拿去丢。看押的日本兵明知道战俘在磨洋工，也没办法。秋天草长得高，草籽也多，饥饿的战俘就拔草籽送到嘴里嚼着吃。秋天的蚱蜢多，肉又肥，有人捉到了就生嚼着吃，真是让日本人逼得茹毛饮血！张东里也捉到十多个蚱蜢，用草秆穿成串，用日本兵丢的烟头把柴草吹燃，烧着吃，烧熟的蚱蜢香气扑鼻，难友们都跑来分享。

  人们要活，就必然想方设法吃饱肚皮，这是自然要求，吃茄子、海椒、草籽、蚱蜢是人在困境中的自然攫取，也不怕谁讥笑。战俘营的一群中华儿女，并不只是为了活命，而是为了能保存自身活下来，以谋求今后能回到战场和敌人重新厮杀，为中华民族的解放出力，所以他们品尝着各种各样的滋味，经受着各种各样的考验。

图15　日军特务机关把一些战俘培训后送到宣抚班（何天义研究室征集图片）

5. 繁重的劳役

凡是送到战俘营的普通战俘劳工，除病得爬不起来的，都要服劳役。所内工场各班做被子、做鞋子、缝补衣服等都规定了一定的定额，完不成任务的受罚。所外劳动装卸货物、挖战壕、筑碉堡、修建军事工程，都是重体力劳动。战俘劳工吃不饱饭，体质较差，不少人带着伤残病参加劳动，稍微干得慢点，就要遭到监工的训斥和毒打。有的人干着干着就昏倒在地上，醒过来还得接着干。

一次，两个病号没出去做工，被日本兵从宿舍里搜查出来，令其面对面站着互相打耳光。一次，战俘到市郊修炮楼，一个青年受不了敌人的奴役，想跳井一死了之，被难友救上来后，日本人说："死了死了的，不行的。"不顾其身体虚弱，又强迫其继续干活。日本侵略者不把中国人的油耗干，是不肯轻易放过的。如果说德国法西斯在奥斯维辛集中营屠杀几十万犹太人是草菅人命的刽子手，那么，日本法西斯在中国对战俘劳工的残害则是敲骨吸髓的刽子手。

日军在石家庄八年，驱赶战俘和当地民工修建了五大兵营、两个飞机场、几十处军事工程、上千个碉堡和几十公里长的封锁沟。只要看看这么大的工程量，就可想象得到战俘劳工们在石家庄干了多少活儿，受了多少苦。

6. 残酷的体罚

为了维持战俘营的秩序，日军除了建立庞大的战俘管理机构，还制定了许多清规戒律，战俘营刚组建，就制定了战俘营规则十条：一、见日本兵不敬礼，罚操场跑步 10 圈；二、不在指定地点吸烟者，罚打嘴巴 10 个，跑步 10 圈；三、身带火柴者，打嘴巴 30 个，跑步 20 圈；四、怠惰者罚不给吃饭一天，跑步 20 圈；五、说谎话者，罚禁闭 3 天，不给吃饭；六、打架吵嘴者，打杠子 40 个；七、无故外出者，全班班员砍头；八、不服从班长命令者，由队长亲自处理；九、坐夜人停止游动者，打鞭子 20 下；十、见队长不敬礼，跑步 10 圈，罚不给吃饭一天。

对于一些重大的政治犯和暴动逃跑者，日本人还报请驻石日军司令部单独关押审讯。战俘营是同驻地军、警、宪、特设立的小监狱相联系、相配合的，有的战俘在战俘营被敌人发现是共产党的领导干部，就转到小监狱审讯，有的在小监狱关押一段，又送到战俘营，随时需要随时拉出去。日本人对他们认为不忠诚的战俘常常施以酷刑，特别是鹭字 3906 部队小监狱、甲字一四一七部队小监狱、石门宪兵队监狱和石门警察署监狱，主要靠刑讯逼供。对战俘劳工吊打、棒打、使用老虎凳、压杠子、灌凉水、过直流电、用烙铁烙、用军犬咬、关地牢、把烧红的煤球往战俘劳工嘴里放，等等，用尽了各种酷刑。有的人被打得遍体鳞伤，皮开肉绽，有的人被烙铁烙坏生殖器，有的被活活打死。

有一次，一个战俘劳工到食品库劳动，给难友带回几块饼干，被日本兵发现后活活打死。几个战俘劳工饥饿难忍，发现一间库房的墙上钉着一张马皮，就割下一段马尾巴，用罐头盒煮汤喝，被日军管理人员发现后活活打死。

有的人员并没有"过失"，日本士兵为了取乐，有时随意从战俘营拉出一个战俘劳工捆在柱子上，逗引着狼狗"咪西咪西的"，立时，一个活生生的中国人被狼狗抓咬得鲜血

图16 侵华日军任意砍杀中国民众（何天义研究室征集图片）

淋淋，惨不忍睹。一次，日本队长得到一把新刀，为了显其锋利，就从地牢里拉出一个战俘劳工，当着日本士兵的面试刀。一刀下去，这位无辜的中国人便身首两处。不少人就是这样不明不白地被残害致死。

最残忍的是用注射苯酚水的方式来残害抗日军民。有一次，邯郸日军宪兵队送来100名所谓"犯人"，其中有30多人是共产党打入伪机关的地下工作者。日军严刑拷打，他们毫不屈服。日军管理人员说他们有传染病，叫军医为他们打防疫针，实际是注射苯酚水，打完针后，几十个人当场死亡。

7. 瘟疫的摧残

战俘营对战俘威胁最大的是疾病和瘟疫。几百人蜷缩在一个屋子里，虱子、跳蚤、臭虫成灾。脓包疥疮蔓延着，可怕的传染病流行着，死亡的恐怖随时威胁着每个人。在这恶劣的环境里，健康人容易生病，有伤残和疾病的人只能加重。1942年战俘营设立了病栋，1944年又在战俘营外设立了隔离病院。战俘营内的病栋有三栋，体质好的病人放在一、二等病栋，传染病和老弱病重者放在三等病栋，加速其死亡。所谓病栋，也是木板通铺。传染病栋的地上撒着厚厚的石灰，患了痢疾、伤寒、霍乱、猩红热的病人被隔离在这里，因为缺医少药，吃不上饭，喝不上水，得不到治疗，只能听其自然。有的重病人没人管理，不得不自己从石灰地上爬出来，找水喝、找饭吃。有的病人尚能呼吸，还有救治希望，就被抬到停尸房。每天都有一些人从病栋和隔离室被抬出去，严寒的冬天经常可以看到，一些战俘因病冻死在病房里。

战俘营木板营房最南边的一排是病栋，病房的西头有两间坐西朝东的木房,是战俘营的停尸房,每天死的人都抬到这里,他们的衣服都被饥寒交迫的战俘们扒去,赤身裸体地码在一起,耳朵、鼻子、睾丸常常被饥饿的老鼠咬掉,场景十分凄惨。

四、战俘营的女战俘

战俘是不幸的人，女战俘则是最不幸的人，因为她们是战俘，又是女人。她们要经受男战俘所经受的痛苦和灾难，又要受日本侵略者的欺污和蹂躏。但女人并不都是弱者，她们之中也有强者，有宁死不屈的抗争者。

1. 初进女牢房

她原是《晋察冀日报》的记者，被俘后化名赵玉英。年轻漂亮，风华正茂，又能写一手好文章，当年报纸上署名"安东"的文章，就出自她的手笔。1941年秋，日军集中了7万多兵力，采用"铁壁合围""梳篦式清剿"战术，对晋察冀根据地进行残酷的"扫荡"。报社既要反"扫荡"，还要流动办报。今天在这个村庄，明天在那个山沟，不断地转移，紧张地工作，对一个怀有身孕的少妇，是多么艰难。她终于累倒了，流产了。组织上不得不把她安排在灵寿县山区的寺院村，隐蔽养病。

图17 赵玉英,笔名梅欧,原是《晋察冀日报》的记者,在反扫荡中被俘,抓进石家庄战俘营后,因与难友策动逃跑,被敌人押进小监狱严刑拷打,但其宁死不屈。最后被难友王铭三等营救出狱(何天义研究室征集图片)

9月底,日军包围了他们的村庄。日本兵把全村的老百姓集中在一起,然后一个个地审问,一个个地搜查,查找八路军。因为她一身农村妇女打扮,日本兵放过了她。但一个汉奸从她答话的河南口音里发现了问题。不管怎么说,敌人也不相信她是老百姓，于是又把她抓起来。

赵玉英被捕了，和她一块被捕的还有一个《晋察冀日报》的男记者，化名李生。

不久，敌人押来一个女战俘，被捕时化名王枫，原来是中共中央北方局电台的报务员，敌人"扫荡"时，她已怀孕九个月，挺着肚子行动不便，无法随机关转移，组织安排她在平山县葫芦峪一带隐蔽下来准备生产，却被敌人抓捕。

赵玉英、李生、王枫被俘后，先被押到灵寿县陈庄，关了三四天，接着又送到行唐县进行审讯。他们始终不承认自己是八路军，但敌人也不放过他们。女人的心是细的，时刻想到要保护自己，为了不遭到敌人污辱，关押期间，赵玉英和李生编造了假口供，说两人是夫妻，是普通老百姓。但敌人不相信，还是一站一站地押送转移。10月初，他们被押到石家庄战俘营。

这天是中秋节，按照中国人的习惯，正是阖家团圆，吃月饼、赏月亮的时候，而他们却要与亲人生离死别。天近黄昏，他们被押到战俘营门口，因为是阴天，月亮被云遮住，但赵玉英还是看清了大门口木牌上写着的"石门劳工教习所"几个大字。她正思索这个名字是什么意思，却被日本人的吆喝声和推推搡搡给打断了。

一跨入大门，男女战俘就被分开了。赵玉英、王枫等被推进一个空旷的大房间，脚还没有站稳，一股刺鼻的药水就劈头盖脸地喷射过来，一下子把全身都湿透了。事后她们才知道这就是所谓的"消毒"。女战俘可以不脱衣服在汽油桶里消毒，而是单独到一个屋子里，往身上喷洒药水进行消毒。

消完毒，接着是搜身。赵玉英这些战俘的身上不可能有金银财宝，就是钢笔、怀表这类小东西，也被沿途的日伪军抢光了，所以搜了半天也没摸出一件东西，日军骂了一声"穷鬼"，把她们推到另一个房间，进行入所登记。管理人员面无表情，按照登记表的要求一项一项讯问，她们按照事先编造好的假名字、假身份，一一回答，填写完毕。接着管理人员宣布了所内规则，然后扔给她们一个用布做的胸章。赵玉英看看发给她的胸章号码是907号，这就是说，她是第907个走进这个劳工教习所的战俘。随后，管理人员把她和王枫押进了女牢房。

这是一间坐南朝北的长方形木板房，在靠后墙的一排地铺上，睡着十几个人。熄灯了，房内黑沉沉、死静静的。推门声惊动了屋里的人，靠地铺右侧的人往里挤了挤，给赵玉英和王枫腾了个地方。她们用手摸了一下，床铺原来是在地上铺了个破草垫子，没有被褥，几个人一起盖一条破棉毯，她俩凑合着和衣躺下。

早已十分疲倦的身体得以放松，这时赵玉英才像是从一场噩梦中醒来，意识到自己已经远离部队火热的战斗生活和那些亲密的战友，成了日军战俘集中营里一个生死未卜的囚犯。

夜深了，她还久久不能入睡，身边环绕着同房难友熟睡的呼吸声和轻微的鼾声，门外还不时传来审问战俘的叫骂声和战俘受拷打的惨叫声，这些都没能打断她对短暂人生的回忆。

四、战俘营的女战俘

因为她是女性,所以一出生就受到封建家庭的歧视和嫌弃,襁褓时曾因得病险些被祖母扔到荒野。上学后接受的都是三从四德、男尊女卑的教育。九一八事变使她产生了朴素的抗日救国思想,"一二·九"运动使她对革命有了朦胧的认识。抗日战争爆发后,她不顾父母的阻拦,奔向延安,受到了革命的启蒙教育,才到了敌后抗日根据地。革命的征途刚刚起步,就碰上这不幸的遭遇……

突然,外边传来一阵杂乱的声音,"把他俩绑起来祭月",一声吼叫打断了她的思绪。她悄悄地爬起来溜到门口。这时她才发现,天上的乌云已经消散,清冷的月光透过门缝照进屋内。她扒着门缝向外看,只见两个战俘被剥光了上衣,绑在院中的电线杆上。北方农历八月的夜晚早已是寒气袭人,这两个难友却要赤身在寒夜中站立一夜,他们要经受多大的折磨和痛苦。因为距离较远,赵玉英看不清难友的脸,但从他们的昂首挺立和沉默抗争,她感到了难友的不屈和镇定。大概受到了难友的感染,她的心情逐渐平静下来,不知什么时候睡着了。

2. 战友相遇

天刚蒙蒙亮,战俘营就被一阵急促的铃声惊醒了。不知谁推了一把赵玉英,"快起来,要上晨操了,去晚了要挨骂的"。她一骨碌爬起来,跟着屋里的女难友跑到操场上集合上操。

操场上早已人影幢幢,黑压压一片,战俘管理人员把队伍整顿好,举行升旗仪式后,一个日本军官就上前训话,讲几句,翻译翻几句,无非是大东亚圣战如何如何,日本人如何优待俘虏等。战俘们一听,都有一种逆反心理。

最后,日本军官指着被捆在电线杆上的战俘说:"他们不老实,不给皇军讲实话,先给他们一点点教训,谁不老实,就和他们一样。"人群中流露出各种各样的神情和目光,有的惊恐不安,有的愠怒气愤,有的则焦虑担忧……可当人们看到绑在电杆上的战俘几乎冻僵而又坚定不屈的面孔时,仅剩下了同情、敬佩和赞赏。

集体跑步开始了,由于队伍太长,速度时快时慢,慢时队伍挤成堆,快时队伍接不上。加之一些伤病战俘体质虚弱,常常有人掉队跟不上。这时,站在周围的日军和汉奸,便挥动皮鞭和木棍劈头盖脸地打去。一个战俘实在跑不动了,捂着肚子蹲在地上喘着粗气。一个端枪的日本兵和手握棍棒的翻译吼叫着跑过去,不问青红皂白,便用枪托和木棍对其进行殴打。战俘用手抱着头叫喊,鲜血从他的头上流下来,日本兵仍不住手,直到把他打倒在地,连呻吟声都听不到了,才让其他战俘将其抬走。目睹这一场面,人们无不痛心和气愤,赵玉英真想冲出队伍和这个日本兵拼了,但她还是忍住了。她觉得不应该轻易暴露自己的身份,她意识到押进战俘营就等于跨进了地狱之门,意味着开始了不同于战场上的另一种形式的生死搏斗。

从操场回到女牢房,赵玉英意外地发现一年前在游击区认识的原抗大二分校学员、晋察冀根据地某县妇联主任。此

四、战俘营的女战俘

人主要在游击区活动,神出鬼没,独来独往,机智勇敢,非常有名。她怎么也会被俘呢?她身份暴露了吗?狱中相见,两人都露出惊愕的目光,因为周围人多,两人都装着不认识,只是用眼神交流了一下。

从大伙的口中,赵玉英了解到,战俘营的女战俘不多,就这20多人,只编了一个妇女班,大多是敌人在"扫荡"中抓捕的。平时在白天,牢房的门虽然开着,但战俘们除了上操、吃饭、劳动、上厕所外,不准在牢房外随意走动,在牢房内也不准三五人聚在一起谈话。

吃完早饭,男战俘大部分被押到战俘营外劳动了,赵玉英等女战俘却被押着去洗涤衣服和杂物。不少衣裤是从死难战俘身上扒下来的,沾满汗渍和血污。看见这些衣服,赵玉英眼前又出现了日军虐杀战俘的悲惨景象,伤痛、气愤、憎恨在心中绞织成一团。人为刀俎,我为鱼肉,精神的折磨超过了身体的疲惫。

好不容易等到天黑,赵玉英同抗大的战友躺在一起,夜深人静时两人才悄悄地交换情况。对方先介绍了自己,她被俘后化名林克,身份是医院洗衣女工。赵玉英也介绍了自己的化名、身份和被俘经过。从交谈中,赵玉英了解到,林克原来是去县里开会时被俘的。当时她们听说县后方医院被敌机轰炸,便去慰问伤病员,谁知碰上敌人偷袭。她们先转移重伤员,最后和几个没有来得及转移的伤员一起被俘,她最后悔开会时没带武器。

赵玉英也有同感:"如果我们有武器,绝不会是这样的结局。"

林克看了她一眼："事情已经发生了，怨天尤人有什么用，现在的问题是如何隐蔽身份，同敌人做斗争。"

"谈何容易，我们要是不丧失气节，敌人就不会让我们活着出去，与其被敌人折磨死，不如在敌人审讯前就自杀。我在被押途中曾几次故意激怒敌人，想让他们开枪打死我，可一直未能如愿。"

林克不以为然："你这种想法就又不对了，该牺牲的时候应该视死如归，死得其所；不到非死不可的时候，死了又有什么价值，只能使敌人高兴。我们要争取两全，既不失气节，又能活着出去。我们还年轻，还要抗日，要赶走日本帝国主义，我们还有很多事情要做，革命的路还长哩。"

"难哪！敌人会让我们清白地出去？"赵玉英似乎没有信心。

林克一面鼓励她，一面给她介绍战俘营的情况，让她先想好自己的口供，以应付敌人的审讯，以后碰到什么灾难和变故大家再商量办法。

赵玉英从这位农村长大的革命者身上，看到自己身上还存在的小知识分子弱点，心情渐渐平静下来，决心从沮丧和消沉中挣脱出来，振奋精神，迎接狱中的斗争。她们研究了应对敌人的口供，琢磨了需要采用的对策。林克一再提醒赵玉英，既然说自己是农村妇女，就应注意自己的言谈举止和生活习惯，千万不能露出破绽，日本人看不出，汉奸是可以看出来的。最后，她们还共同发誓：在任何情况下，都不背叛民族和党的事业,都不能出卖同志。

这番交谈使赵玉英心里豁然开朗,她很兴奋,也感到了疲劳。刚停止谈话,就睡着了,而且睡得很香。

3. 我崇拜我父亲

一个漆黑的夜晚,赵玉英被带进审讯室。这是一个拉着黑色窗帘的房间,灯光昏暗,冷气逼人。门口,有日本兵站岗;屋内,七八个伪管理人员坐在一张长方形的审讯桌旁,两侧站着几个打手。墙边屋角放着一些棍棒和杂物,看不清都有什么刑具。赵玉英只觉得气氛压抑,阴森恐怖。

"叫什么名字?"

"赵玉英。"

"干什么的?"

"家庭妇女。"

"家住什么地方?"

"河北易县。"

"结婚没有?"

"没有。"

"是共产党?"

"不是。"

……

提问的是审讯科长,声色俱厉,语言冰冷,一连串的提问,咄咄逼人。

赵玉英照原来编的假口供一一应付着。

"为什么被抓?"

"这次到灵寿探亲,碰上日本人,被抓来了。"

审讯人冷笑一声:"说得轻巧,你是山沟里的老百姓,皇军为什么会抓你?"

赵玉英故作惊讶:"你们不知道,日本人在我们村抓的老百姓可多了,我姑姑那村,也抓了不少,他们半路上不知被押到哪里去了。"

"不准胡说,皇军只抓共产党、八路军,不抓老百姓,你这样胡说,是要受惩罚的。"

赵玉英急忙接过去:"不抓老百姓,那就放了我吧,我爹娘要知道我被抓,会急死的。"

审讯人有些尴尬:"呵,你倒挺厉害。放老实点,你到底是不是八路军的干部?"

"八路军都是识文断字的,他们会要我?"说到这儿,赵玉英感到不妥,急忙转过话头:"不过八路军也有不识字的,只是俺娘不让俺沾他们的边,只让俺给八路军纳过鞋底。"

"你说你是农村妇女,那你参加妇救会没有?那可是一个抗日组织呀。"

"我想参加,我妈就是不让。她说参加妇救会,在外边开会多,会跑野了。为这,我还哭过好多次。"赵玉英越说越有劲,"听说人家妇救会是自愿参加,她们在一起开会,有说有笑,可热闹了,比我一个人在家闷着强多了。"

审讯人员对赵玉英的回答哭笑不得,似乎觉得这个女人愚不可及,问也问不出什么。

四、战俘营的女战俘

一个审讯人员忽然提问:"你在说谎,你说你是河北人,为什么说话带河南口音?"

赵玉英心想,汉奸、叛徒比日本人更可怕,一般日本人听不出地方口音,也不会提这样的问题,不过她早有准备:"对,我说话有河南腔,因为我从小随爹娘在河南洛阳做生意,在那里长大,五年前我爹害病,怕死在外边鬼魂不能还乡,才回到河北老家,我的口音还没改过来。"

审讯人又问了一阵,但问不出什么东西,只好草草收场。

但审讯并没有就此结束,没过多久,日本人又对赵玉英进行了第二次审讯。这次审讯增加了朝鲜翻译,一开始就伴随着拳打脚踢,赵玉英还挨了几耳光,但她以不变应万变,仍然坚持原来的口供。赵玉英没想到的是,审讯人突然拿出三张头像,一个汪精卫,一个蒋介石,一个毛泽东,并问道:"这三个人你崇拜谁?"

赵玉英心中一惊,看来敌人要窥视自己的态度,从中打开审讯缺口。她愣了一会儿,表示茫然不知:"我不认识。"

"你少装傻,谁不知道,这个是汪精卫,是中华民国南京政府的汪主席;这个是重庆政府蒋介石,国民党的头;这个是毛泽东,共产党的头。这三个人,你到底崇拜谁?"

"'崇拜'是什么意思?"赵玉英装作不解其意。

"崇拜就是你最尊重、相信、拥护谁。"

赵玉英没有马上回答,她心里暗想到,崇拜汪精卫是汉奸,崇拜蒋介石是国民党,崇拜毛泽东是共产党,自己反对汉奸，不拥护蒋介石，但也不能暴露自己的共产党员身份，于是她冒出一句："我崇拜我父亲！"

这个回答先是让审讯者一愣，接着便是哄堂大笑，其中也夹杂着辱骂。

赵玉英装作茫然地辩解："不对吗？我们乡下人靠爹娘养活，爹娘种地，靠天吃饭，天旱天涝都得挨饿，我信服别人没用，我只信老天爷和我爹。"讲到这里，赵玉英停了一下，似乎很伤心地说："当下兵荒马乱，老百姓过不上安生日子，日本人把我抓到这儿，连爹娘都见不到了，哪有心事管谁是啥党的头子。"

审讯人没等她说完，又逼问："那你拥护日本人，还是拥护八路军？"

赵玉英没有直接回答，而是采取迂回战术："我不知道谁好，但我们村的房子被烧了，不知是谁烧的……"

审讯人一听，把桌子一拍，骂道："胡扯，你不老实讲，还满腹牢骚，你是浑蛋，还是傻瓜，你在这里故意捣乱，你滚出去！"陪审人员也虚张声势，但是朝鲜翻译金村一直沉默不语。后来，赵玉英听说他同情共产党，背地里还帮助过战俘劳工。

回到女牢后，赵玉英把审讯情况告诉了林克，林克叮嘱她："这里的日伪管理人员很复杂，好人坏人一时很难分清，不能有侥幸心理，更不能粗心大意，要随时准备应付突然发生而又意想不到的事。"

4. "小洋马"的失踪

战俘营的日本兵对战俘可以随便使唤，随意打骂，对战俘态度最坏的要算劳工教习所第二任主任兼队长三宅。因为劳工教习所由日军部队长兼任所长，不常到所内，所以战俘的生杀大权就掌握在管理战俘营的小队长手里。三宅为人凶神恶煞一般，每天挎着洋刀，拿着皮鞭，牵着洋狗，带着卫兵，在战俘营各房间乱窜，看谁不顺眼，不是左右开弓打耳光，就是用皮鞋踹，有时还放狼狗咬，没完没了地用皮鞭抽。

三宅为人不仅凶残，还酒色均沾。他几乎每天都要喝酒，喝醉酒就打人闹事，常常跑到妇女班要在那里睡觉，碰到谁，就拉谁；碰到谁，谁倒霉。战俘营里，越年轻漂亮的女人越倒霉。于是，女同胞们为了保护自己，尽量把自己打扮得越老越好，越丑越好。

同恶魔三宅一样，他的属下还有几十个日本士兵，他们的一双双贼眼也都觊觎着妇女班。但战俘营毕竟不是"扫荡"时的山村，他们不敢随心所欲地奸污烧杀。战俘营有几千名中国的男子汉，日本兵迫于上司的威严和中国战俘的仇视，虽有兽欲，却无色胆，除了队长等几个头头，并不敢公开对女战俘施暴，而是偷偷摸摸地干坏事。

女战俘中，有些是八路军的文工团员，能歌善舞，年轻漂亮，于是日本兵和日伪管理人员经常纠缠她们，强迫她们唱歌跳舞，调笑消遣。女战俘如果坚决拒绝，就会遭到打骂惩罚,于是她们用另一种方法进行斗争,或者唱抗日歌曲,或者以抗日言语吓唬人。有一次,日伪人员要冀中被捕的女战俘路平唱歌,她就大声说:"我是八路军剧团的,我学的都是抗日歌曲,只要有人敢听,我就敢唱,如果日军当官的知道了,我就如实说是你们让唱的。"从此再也没有人敢叫她唱歌了。

赵玉英进入战俘营不久,妇女班一批关了几个月的战俘被挑了出来,送到离战俘营不远的大兴纺纱厂(今棉纺七厂前身)当工人。据说她们都是八路军一个被服厂的洗衣工,是一群年轻娃娃,最大的才20岁。虽然出了战俘营,但她们并没有完全自由,生活、劳动、出入厂门时,仍被管制。伪新民报记者还找她们开座谈会,要她们谈感想,谁要是不说好听的便会遭到训斥。而留下的7个人,都是从冀中、冀西两个根据地抓来的。敌人认为她们是八路军的女干部,还需要进一步进行调查审讯,不时也有新的女战俘被押进来。

一天,女牢房押进一个年轻漂亮的女战俘。细而弯的眉毛,深邃明澈的大眼睛,笔直而又微微翘起的鼻子,线条清晰、富有情感的嘴唇,在那白净透红的脸上搭配得非常协调匀称。加上她那乌黑的秀发,苗条的身材,站在那里简直就是一座美丽的雕像。尽管她穿着极不合身的破旧粗布衣衫,也掩盖不了天赋的魅力与艳丽。她性格开朗,讲话爽直,待人亲切,对人毫无戒心,刚到牢房一天,就和大家熟识了。

她认为自己的身份已经暴露,所以毫不隐讳地说自己是

四、战俘营的女战俘

图18 日军强迫女战俘和女学生组成的石门宣抚班（何天义研究室征集图片）

县妇联干部，还对大家说："既然战争使我们一起受难，那我们就是难友，就要互相帮助。"她讲话时语言明快，目光流盼，眼里闪现着少女的天真和聪颖。

林克、赵玉英同她聊天，问她："你是怎么被抓的？"

她说："我到游击区开展工作，被敌人堵在屋里，确切地说是堵到了炕上，因为当时我正在睡觉。"

接着她又诙谐地说："要是在白天，他们不会抓到我，我跑得比谁都快，同志们送我一个雅号叫'小洋马'。"说到这她洒脱地笑了，"小洋马"的名字也在女牢房里叫开了。

"小洋马"的到来，给女牢房增添了欢乐和生气，也引起了日伪人员的注意。

第二天晚上,"小洋马"被丁翻译和日本班长小饭沼叫走了,说是审讯,可是等到深夜也不见回来,难友们都为她担心,担心她受酷刑,担心她遭不测。

天亮了,上早操了,还不见她的人,难友们真急了。

下了操,人们回到牢房,才看到"小洋马"衣衫不整地躺在地铺上,她呆呆地望着屋顶,长长的睫毛上挂着泪珠。难友们问她审判的情况,她先是沉默不语,后来突然大哭起来;哭一阵,又大笑起来,笑声凄厉,撕人心肺。等她安静下来,却时而神情呆滞喃喃自语,时而大骂日寇无耻。"小洋马"因受到强烈刺激,精神失常了。

大家已明白发生了什么事,想安慰她又无能为力,只有痛苦地看着她发泄。

翻译丁义敬听到"小洋马"的叫骂声,急忙来制止她,吓唬她。可她毫不理会,还指着丁义敬,骂他是汉奸,为虎作伥,丧尽天良,弄得丁翻译狼狈不堪。正在巡逻的日本兵听到女牢房内有喧闹声,也走过来吓唬她,并把刺刀架在她的脖子旁威胁她,她却哈哈大笑,并猛地推开枪托,向日本兵逼近,日本兵只能无奈地后退。难友们怕她受到枪刺的伤害,急忙拉住她,劝她冷静一下,一场风波才算平息。

当天深夜,"小洋马"不见了,难友们都怪自己睡得太死了。

但她是怎么失踪的,谁也说不清。有的说她可能出走,寻短见了;有的说可能敌人怕她疯跑疯骂,事情败露会引起男战俘的抗议,将她杀人灭口了。

四、战俘营的女战俘

"小洋马"关进战俘营才三天就遭此不幸,妇女班内震动很大。她们不能忍受敌人对"小洋马"的强暴欺辱,也不希望她的悲剧降临到自己头上。于是,根据林克的建议,妇女班决定进行一次反对日寇污辱女战俘的斗争。

这天午饭后,女战俘们来到指导员办公室,恰好几个指导员和丁翻译都在,她们一下围上去,追问"小洋马"的下落,并要求丁翻译交代事情发生的经过,同时要求指导员们惩办凶手。一些男战俘闻讯也赶来助阵。

开始,丁义敬还满不在乎:"这事我哪里知道,我只不过帮助小饭沼把人找去送到门口。"

王枫一听,指着他鼻子骂道:"你是不是中国人?帮助日本人残害自己的同胞姐妹,你还有没有良心?"

丁义敬冷笑一声:"我不是中国人,我是满洲人,我在这里为皇军做事,他们让我叫人我敢不去?"

听到这种卖国求荣的无耻回答,人群一下鼎沸了,不少人骂他"典型的亡国奴嘴脸""无耻至极""民族败类",有的喊着口号"反对侮辱虐待战俘!""严惩凶手!""打倒走狗!""改善战俘待遇!"有的男战俘想走过去揍这个汉奸,丁义敬一看形势不妙,趁机溜了。

这时,十几个持枪的日军走过来,端着枪刺,吼叫着要人们散开。眼看着一场流血事件就要发生,指导员倪欣野站起来举着双手急切地说:"兄弟姐妹们,请大家静一下,你们提的要求,我们一定传达给皇军,只是现在希望大家先回去,好不好?否则闹得太大了,恐怕大家会受到伤害。"

妇女班的几个骨干商量了一下，也觉得斗争应有理有节，适可而止，于是便撤离指导员办公室。

"小洋马"在女牢房给大家带来了短暂的欢慰，也给大家留下了难忘的遗恨。

5. 她想掐死亲骨肉

战俘营内的管理者对于快要分娩的王枫，相对比较宽容。虽然一直没有审问她，但敌人已认定她是八路军的干部。她虽然穿的是农村妇女宽大的粗布衣衫，但她那浓重的南方口音和知识青年的气质、风度，是无法瞒过汉奸们的。她自称是小学教师，在南方工作，到北方寻亲，在"扫荡"中被抓。敌人虽然不信，但也没有深究。她耿直、倔强、讲话爽快，在牢房中一讲话就露出对日寇汉奸的憎恨。林克多次提醒她，但她不以为然，似乎豁出去命也不怕。一次，伪管理人员送来一张表格让她填写，她一看表中的栏目，当即撕了个粉碎。对方刚要发火，一看她大腹便便，只狠狠地瞪了她一眼："你要小心后果。"但敌人并没有放过她，而是想方设法利用她做宣传。

王枫的预产期到了，战俘营没有条件接生，经要求，日本人答应送其到市区的同仁医院分娩。王枫提出让赵玉英去医院陪她，也被批准了。早操时，三宅还当着全体战俘宣布了这一消息，还一再说，这本身就是中日亲善的标志，让大家理解日本为建立"东亚共荣圈"所做的努力。

王枫和赵玉英都非常高兴，认为出了战俘营，就有机会

四、战俘营的女战俘

逃跑。尽管产前的剧烈腹痛折磨着王枫,可一旦阵痛暂缓,她便会发出会心的微笑。难友们为她们庆幸,林克一再嘱咐她们,要大胆心细、周密计划。

王枫和赵玉英被日军押送到医院,在路上,王枫曾提出,生下孩子后马上就掐死他,然后两人一起逃回根据地。但问题不像她们想得那么简单,母爱是世界上最神圣的爱,又是每个母亲必有的爱。虎毒不食子,有哪个母亲又舍得把自己亲生骨肉掐死呢?

王枫一进产房,就生了一个女孩。当一个活泼可爱的女婴呱呱坠地时,做了母亲的王枫心软了,她不舍得将这个经过战火磨难、刚刚来到人间的小生命扼杀,赵玉英更下不了手。加上王枫产后身体十分虚弱,一直生病,别说逃回根据地,连市区也走不出去。王枫让赵玉英等等她,再想别的办法。

孩子生下后,敌人并没有把她们送进医院的病房,而是送到医院外边一个阴暗的房间,窗外就是街道,人来人往,熙熙攘攘,虽不安静,但与敌占区人民接触的机会多了。20多平方米的房间里,靠墙摆了7张病床,床与床之间只能站一个人。床上躺着的病人有男有女,有内科的也有外科的,均破衣烂衫,面带愁容。靠东墙根的床上还躺着一个死人,一个中年妇女和一个十几岁的男孩正伏在死尸上痛哭。屋内又脏又乱,一看就知道这是专为穷人设置的简易病房。

她们一进门,就引起了全病房的注意。可能是因为她们穿的蓝色中式大襟粗布衣衫,也可能是因为包着婴儿的是面口袋,特别是身后还有日本兵用枪押着,人们用惊疑的目光看着她们,不敢言语。

王枫被安排在靠西墙根的床上,因为分娩过程的疼痛、紧张、疲劳,她一躺下就睡着了。赵玉英一边护理着女婴,一边观察着周围的环境。

天黑了,日本兵撤走了,她们被交给院方管理,病房的老乡们才敢同她们说话。老乡们听说她们是从八路军那边抓来的,便向他们打听山那边的情况;她们也趁机了解周围的情况,寻找逃跑的办法和路线。

第二天,有的老乡给王枫送来两个鸡蛋,有的送来一把挂面,有的端来一碗热腾腾的小米粥,王枫感动地流下了眼泪,亲身感受到敌占区人民对八路军的关爱。

几天的住院时间里,王枫、赵玉英同病室里的老乡们处熟了,尽管白天战俘营仍派日本兵监视她们,她们还是在暗中准备着逃跑计划。她们想给孩子找个人来抚养,然后再找个假良民证出市,如果实在搞不到良民证,就利用夜间翻越市周的封锁沟。

战俘营的日军也怕她们逃走,还专门派一个中士和一个日本兵来病室,押她们回战俘营。只是因为王枫患病发烧,坚持人道主义的中国院长不同意其出院,她们才没有被送回。看到时间不多,王枫让赵玉英写了个纸条往外捎信,准备逃跑。赵玉英也在病室老乡的掩护下,夜里冒险随一位老乡到近郊一个农村探路。

6.《石门新报》的舆论欺骗

谁知，赵玉英深夜探路的第二天，王枫在日本兵的监视下搬进了医院的一个单间病房。病床上，铺着洁白的床单，包婴儿的面口袋换成了小花被。王枫也被日军逼着穿上上等病房病人穿的疗养服。护士告诉她们，这都是为了迎接《石门新报》的记者采访而准备的。

情况有了变化，这意味着她们逃跑的计划可能落空，赵玉英心急如焚地等着天黑去找那位愿意帮忙的老乡。不料这天傍晚，战俘营审讯室的尾川带着几个日本宪兵来到病房，把赵玉英捆起来押走了。这次没有让她回战俘营，而是押到了木厂部队的小监狱。

当然，敌人也没有放弃利用王枫为他们做宣传。

第二天，病房来了两个不速之客，说是慰问，实是采访，又是拍照，又是录音。几天之后，报纸登了，电台也播了。50年后，我们找到了《石门新报》上的这篇文章，现在转载于此，让人们看看日本侵略者是怎样用虚伪的舆论欺骗社会、美化侵略，从而宣传日本帝国主义者的"王道乐土"和"人道主义"的。

王枫女士被友军救出昨日产一婴儿母女健全，对友军颇感谢

本报特讯 被皇军自匪区救出之王××女士，原籍广东××，现年廿岁，久居广州，十六岁时，经介绍与陆成中结婚，陆原籍河北唐县，婚后数月，陆即返回北方谋事，去年于北京担任小学教员，王乃随伊母北上，至北京与陆相会，旋因陆收入不裕，且王身怀有孕，于本年一月，乃随伊母至陆原籍唐县王家庄，意欲生产之后仍回北京，讵意于共军猖獗之下，彼母女居于王家庄，颇不安全，且彼产期在即，由于匪区之物资之缺乏，颇成问题，正在此种苦恼中，适友军讨伐，乃被救至石门，现在王女士在友军爱护周到下，入本市同仁医院，已经生产，婴儿女性，肥而且胖，彼母女于此幸福之石门，共度幸福生活，对友军乃至为铭感也之。（原载《石门新报》中华民国卅年十月三十日）

从这篇报道我们不难看出，敌人根本就没有查清王枫的真实身份和真实姓名；王枫实际是被敌人从根据地抓到石家庄战俘集中营的，报纸却编造说是日军救到石门的。既然是救去的，为什么王枫没有自由，本来住在既脏又乱的病室，为做宣传却临时搬进上等病房。这不明显地说明是日伪报纸在编造谎言、给侵略者贴金吗？

7. 赵玉英被关小监狱

赵玉英没有逃走，却被抓进了小监狱的审讯室。问题出在她给王枫写的那封信上。信没有寄走，被敌人查出了，敌人认为是赵玉英写的。从信上的一手好字进行分析，敌人认为赵玉英不是农村妇女，可能是八路军的干部。于是尾川亲

四、战俘营的女战俘

自出马,连夜对赵玉英进行审讯。

尾川入伍前是日本的高等法官,自称精通社会学、心理学。参加侵略战争后,把他的专业知识都用在对共产党、八路军的审判上。他向人宣称,他研究了《联共布党史》,了解共产党人的心理。他在审讯时,狡猾、奸诈,善于根据需要扮演各种角色。有时凶狠得像一头野兽,发起怒来使人胆战心惊;有时又装得很谦和慈善,谆谆劝降;有时又像一个恶魔,极其冷酷残暴。

审讯室不大,尾川坐在一张长条桌后边,左边坐着一个朝鲜人翻译,右边坐着一个中国人记录,桌前站着两个日本兵打手。

审讯一开始,尾川就板着脸:"赵玉英,你老实交代,你到底是干什么的?"

赵玉英没想到他会说中国话,虽然怪声怪调,但是能听懂。

"我是老百姓……"赵玉英又重复着战俘营的口供,刚讲了一半,尾川上去就是两耳光,打得赵玉英顺嘴流血。赵玉英强压怒火,闭上眼睛,沉默不语。尾川以为自己的武力吓住了她,便改用缓和的口气:"你是老百姓,怎么会被皇军抓来?"

于是赵玉英描述了日军在根据地"扫荡"时抓捕老百姓的情景。听着听着,尾川又火了:"你不老实招供,还敢污蔑皇军。"示意打手给她点厉害尝尝。

打手们取出一把硬木铅笔,塞进赵玉英的手指间,用力一夹，疼得她几乎昏了过去。但她还是咬牙坚持着。不知谁小声说："一个乡下姑娘哪有这样不怕疼的，一定是八路军！"

赵玉英想起自己招供的身份，于是猛地大哭大叫起来。

尾川得意地笑了，摆手让打手们退后："怎么样？这是小意思，难过的还在后边呢，现在该说实话了吧！"

赵玉英低着头，看着两只肿胀的手，只是抽泣。

尾川以为她害怕了，又假装慈悲地说："看你受罪，我也难受，年轻轻的，难道还不珍惜自己的生命。"

"你们再打我，我也不敢说。"

"为什么？你大胆地讲，我们保护你。"

"因为我本来啥都不是，你们要我说是八路军，我如说是，你们又会问我在哪个部队，干什么事，我答不上来，你们不饶我，我还得挨打，我不知该怎么说。"

开始，尾川听不太明白，等翻译告诉他后，他的面孔一下子狰狞起来，先是怒骂，后让打手出马，边打边审，还抓住赵玉英的头发往墙上撞头，把她的脸打青了，衣服扯破了，打昏过去又用凉水浇醒，赵玉英仍坚持原来的口供。

眼看无计可施，尾川拿出赵玉英写的便条："你看这是什么？"

赵玉英瞥了一眼："不认得。"

尾川自以为得逞地说："你太不老实啦，你的情况，李生早就告诉我们了。"

赵玉英仍不示弱："他胡说，我根本不认识他，不信你们叫他来,我和他对质。"

"那好,明天我把李生叫来,看你嘴还硬!"狂怒的尾川又对身边的打手说:"她太不老实了,灌她凉水。"

打手们抬来一个长木凳,赵玉英面朝上被按倒在凳子上,四肢与四条凳子腿捆在一起,头仰着垂下,打手们提着水壶往她口鼻里灌。开始她还能弊住呼吸,等她刚想用鼻子吸气时,一股冷水灌了进去,她一下子被呛住了,难忍的疼痛从鼻腔烧灼到胸部。她好像被扔进烈火燃烧的火坑里,只能拼命挣扎,而尾川却在坑边狂笑。一会儿,又好像被一块烧红的大石头压在地上,动弹不得。慢慢地,她失去了知觉。怎么被拖进女牢的,她一点也不知道。

后半夜,她从昏迷中醒来,好像睡在一个冰窖里,寒冷、潮湿、浑身刺痛……她猛地睁开眼,发现是一个木笼式的牢房,身下是一张草席,身上是一条破毯子。她向身边的人挤了一下,想借一点体温取暖,对方被惊醒了,一下坐起来,惊喜地说:"玉英,你可醒了,昨晚你被拖进来时,嘴角流着血,像死人一样,可把我吓坏了。"

牢里很黑,看不清脸,她只觉得声音很熟,便问了一句:"这是什么地方?"

"这是敌人的小监狱,也是临时战俘收容所,你忘了,昨天你就是被尾川从医院弄到这里受审讯的。"她忍着疼痛,听着对方介绍小监狱的情况。

天渐渐亮了,她发现牢房里就她们两个人,原来是战俘营女牢房的刘巧珍,她惊奇地问:"你怎么也到这里来了?"

刘巧珍回答:"你和王枫去医院后,三宅怀疑上次'小洋马'失踪时,咱们去办公室要人是我策划的。尾川便把我押到这里审讯,我当然也不会承认,我哪有那样的胆识和能耐。"

"那好,我们俩就做个伴,相依为命吧!"赵玉英向刘巧珍介绍了王枫的情况,也等待着敌人的再次审讯。

审讯赵玉英时,给尾川当翻译的是朝鲜人谷川。赵玉英刚被押进战俘营时,就被谷川看上了,所以经常到妇女班献殷勤,对赵玉英一口一个"姐姐"。赵玉英就严肃地对谷川讲:"我是有夫之妇,你叫我姐姐,你就得规矩点,你就得对中国人好。"此后,谷川还真改变了打骂战俘的毛病。他听说日本人要让赵玉英和李生对质时,就悄悄地把尾川审讯李生的口供告诉了赵玉英。

这天,敌人把李生从战俘营押到小监狱,没问话之前,先将李生的手脚捆住,用皮鞭狠抽一顿,然后用鞭子指着赵玉英:"说,她是干什么的?"

站着一旁的赵玉英已经做好了准备,一旦李生说出她的共产党记者身份,她就上去同其拼命,可是不管敌人怎么打,李生仍是一言不发。

赵玉英不愿让战友继续挨打,于是她主动回答:"他不说我说,他根本不知道我是干什么的,我原来也不认识他。因为我们一起被抓,我怕日本兵欺侮我,就和他认作假夫妇,让他保护我。"

"八格牙鲁!"尾川骂了一句,又似信非信地问:"那你到底结婚没有?"

赵玉英回答:"结婚了,丈夫不久前得病死了,就是因为太难过了,母亲怕我生病,才要我到灵寿姑母家散心,谁知被你们抓来了。"

尾川厉声驳斥道:"不对,你丈夫没有死,是八路军干部。你也不是老百姓,有人看见你在八路军的根据地穿过军衣。"

"胡说,谁看见我穿军衣啦,让他站出来。"

尾川一时抓不到把柄,又说不出证人,只好把李生送回战俘营,把赵玉英继续关在木笼里。

敌人对赵玉英的口供并不相信,但又没有证据。后来虽然又审了几次,但都没有结果。到了12月初,敌人就不再审问她了,因为敌人抓了两个共产党要员,一个是冀中军区后勤部政委王文波,一个是冀中十分区司令员朱占魁。王文波因为宁死不屈,以死抗争,被关进了战俘营,而朱占魁贪生怕死,敌人认为可以利用,便把司令部小监狱的审讯室进行修整粉刷,摆上家具,收拾得窗明几净,方便舒适,让朱占魁在这里"自由"生活。

五、怕死鬼与硬骨头

1. 宁死不屈的李凤鸣

小监狱的主管尾川,自称是日本的高等法官,又是"中国通",一向傲慢无礼,目空一切。他经常自吹自擂,说日本的特务工作居世界首位,可他对待战俘的手法也就那么两招,除了以金钱美女引诱,就是施以高压酷刑,然而这些只对软弱的懦夫和可耻的叛徒才会有效,在真正的共产党员面前,在真正的"硬骨头"面前,只能以失败结束。李凤鸣就是尾川在战俘营和小监狱碰到的"硬骨头"之一。

李凤鸣原是河北省栾城县抗日县长,被捕后敌人多次拉拢他,妄想让其为日本人效劳,但李凤鸣就是不上钩。为了诱惑、拉拢他,尾川带他到市内下饭馆,逛窑子。但李凤鸣叫吃就吃,叫喝就喝,也不说不笑,到妓院里动也不动,对女人碰也不碰。

后来,尾川说:"县太君,你写个告栾城县人民书,让他们归顺皇军。"

李凤鸣却说:"我不会写。"

"不会写,你说,我们找人写。"

五、怕死鬼与硬骨头

"不会说。"

"什么,不会说,八格牙鲁。"

李凤鸣坚定地说:"抗日的能行,叫我告诉人民归顺日本的不行。"

尾川听后气坏了,便对其进行严刑拷打,灌凉水,用酷刑。李凤鸣被折磨得皮包骨头,无精打采,还要把他从木笼里拉出来过堂刑讯。打昏了,又把他拖回来扔到木笼内。难友们见此情景,便隔着木笼安慰他,鼓励他,使他抱定了宁死不屈的决心。据说他一连被敌人拷打了 24 次,都没有屈服。

最后一次回来时,他不吃不喝,气喘吁吁,奄奄一息。从战俘营再次回到小监狱的王铭三给他送饭时,他有气无力地摇摇头,对王铭三说:"我实在坚持不下去了,身体彻底坏了,不过请放心,我决不会向敌人屈服。"王铭三看他的情绪不好,就劝他想开点,直到日本鬼子来锁木笼,才不放心地离开。

晚上,王铭三一直不放心,但又进不去。第二天早晨一开木笼,王铭三便急忙跑去看李凤鸣,见他蒙在被子里,掀开被子一看,担心的事果真发生了。

为了抗议敌人的残酷暴行,李凤鸣用刮脸刀剖腹自杀了。他的肚子被拉开一个口子,肠子也被拉了出来,床上流了一片血,衣服被子都染红了。王铭三叫了几声,对方不答应,但摸摸鼻子,好像还有一点气息。于是,王铭三马上向值班的日本兵报告,并把他送到市里的同仁医院进行抢救。

想不到李凤鸣这个几乎已经死去的人又活过来了,但敌人始终没有从他嘴里得到任何情况。尾川看李凤鸣实在争取不过来,只好将其送回战俘营,后来又作为劳工送到东北一个煤矿。

2. 贪生怕死的朱占魁

与李凤鸣相反,朱占魁却是另一类人,看上去人高马大,实际上却是一个贪生怕死的胆小鬼。

朱占魁是吹鼓手出身,当过国民党的警察,是被八路军改造的杂色武装。他被俘前是冀中十分区的司令员,因同政委帅荣有矛盾,因此一同被派到晋察冀军区解决问题。返回途中,在清苑县大李各庄被敌包围,政委要求突围,朱占魁却坚持硬打,结果政委等人突围出去了,朱占魁和身旁的警卫被俘了。

朱占魁被俘后,宣称他是个少将,蒋介石曾授予他20文铜板那么大个的勋章。日本人认为他是拉拢的对象,因而日军一一零师团特别调查班的饭岛、吾妻、尾川等参谋人员经常找他了解八路军的情况,他有问必答。他还经常借古论今,感叹什么"可怜无定河边骨,忧是春闺梦里人",散布悲观动摇的论调。

敌人看他思想动摇,就一次一次找他谈话,争取他,并把他送到北平华北派遣军司令部,由冈村宁次亲自接见。一到北京,他就拿出一张预先写好的材料。一个日本大佐看后非常高兴,立即让人拿去铅印,用以进行反共宣传。日军要他在华北组织"剿共"军,并任命他为司令,他欣然接受。

回到石家庄,日军便带他挑选人马,组织"剿共"司令部机关。日军为了收买他、拉拢他,从战俘营里找来年轻漂亮的女战俘给他当太太,他喜不自胜。同狱的人劝阻他,警告他,要他站在党的立场上说话,要保持民族气节,保持中国人的良心,他似听非听。

朱占魁不在时,小监狱的战俘们曾多次商量如何同敌人斗争,他们还结拜为干姐妹干兄弟,互相帮助,有福同享,有难同当。有的人还提出,如果朱占魁拉起队伍后不回根据地,不打日本鬼子,就先把他干掉。

朱占魁看到大家对他的态度发生了变化,不得不有所收敛。他对大家说:"我组织'剿共'司令部是假意应付敌人,将来把队伍组织起来,有了武器再把队伍拉出去,还不是随咱们的便,还不是照样打鬼子。再说我还没有完全答应,还在考虑中,即便我答应了,你们跟我出了狱,还可以有自己的选择嘛!"

3. 卑鄙的"美人计"

为了找人伺候朱占魁,尾川和丁义敬到战俘营挑选勤务员。王铭三听说小监狱送来了共产党的要人,为了照顾首长的生活,防止敌人搞鬼,他主动辞去战俘营的"指导员",到小监狱当勤务兵。

王铭三这次到小监狱,没有再进木笼,而是睡在木笼间的过道里,每天的任务就是给木笼里的人员打水打饭,观察他们的表现。看到赵玉英被敌人打得鼻青脸肿，他就主动从生活上给予其照顾，精神上给予其安慰。赵玉英也把王铭三当亲兄弟对待：一边教王铭三学文化，一边给王铭三讲革命道理。王铭三来安慰她，她都宽心地说："没什么，只要坚持，我们总会有出头之日的。"因而王铭三对她更加尊重和敬佩。

一天早晨，王铭三搞卫生时，听尾川、丁义敬与朱占魁一块儿商量，说赵玉英顶多是妇救会里的一员，没什么大问题，决定让赵玉英给朱占魁做老婆。

敌人想用美人计收买朱占魁，朱占魁欣然同意。这事被王铭三听到，便到关押赵玉英的木笼外，把消息告诉赵玉英，想让她有个思想准备。

没想到赵玉英一听，便火冒三丈地骂开了，她怒斥朱占魁是叛徒、汉奸、民族败类，并说："他若逼我，我拿剪刀也得和他拼个死活。"

一墙之隔的朱占魁听到骂声，只觉没趣，心想赵玉英在日本人手下都没屈服，何况他呢！从此，他再也不敢提此事，可这事暴露了王铭三，惹得尾川和朱占魁对王铭三怀恨在心。

这时，恰巧在战俘营当过指导员后被派到新民会当会计的倪欣野来看王铭三，王铭三便把赵玉英的处境告诉倪欣野，希望能把她救出去。通过努力，倪欣野以要女工的名义把赵玉英要了出去。赵玉英临走前，提着一包点心看望了王铭三这位好兄弟，并留下一块手帕作为永久的纪念。

赵玉英走了，但日本人并没有放弃给朱占魁成立家室的主意，于是又从战俘营调来两位女战俘，并明确提出让其中一位给朱占魁当老婆。这位女战俘性格懦弱，到小监狱后整天哭哭啼啼。于是王铭三又鼓励她坚强点，勇敢地斗争，像赵玉英那样叫敌人无计可施。后来，朱占魁发现王铭三又在拆他的台，便报告了尾川，尾川对王铭三的信任因此产生了动摇。

4. 反省洞——地牢

尾川自认为眼睛很厉害，一眼就能看出谁是共产党，谁是八路军，可是他怎么也没想到，眼前这个16岁的小八路王铭三就是共产党。于是，每当尾川自吹自擂时，站在一旁的王铭三就会忍不住哈哈大笑。尾川越吹，王铭三越笑，有时笑得直不起腰。尾川因而对王铭三又骂又打。尽管如此，王铭三还是笑，尾川莫名其妙，认为他有神经病，为此，常常把王铭三轰到院子里。来到院里，王铭三就玩单杠，跑步，想心事。

在尾川看来，王铭三只不过是个小孩，傻傻愣愣，疯疯癫癫。因他几次破坏敌人的美人计，搞得朱占魁美事不成，尾川对王铭三的看法逐渐转变了。

1942年1月28日清晨，王铭三像往常一样在院内打扫卫生、干杂务，尾川带着几个人走过来，将其绑起来拳打脚踢毒打一顿，然后扔进木笼里。他指着王铭三说："你的，瞧不起我，良心坏了坏了的。我看你该死了死了的。"

吃过早饭,尾川和翻译官便把王铭三押到战俘集中营,集合战俘开大会宣布王铭三的罪行,准备杀一儆百。

战俘营的广场上,近千名战俘站了一片。听说日本人又要杀人,谁也不敢大声说话,广场上鸦雀无声,只有几个日本兵和战俘干部指挥队伍的口令声。王铭三被五花大绑带到队前,他知道日本人不会轻饶他,但毫无惧色。尾川首先讲话,翻译丁义敬在一旁翻译,尾川说几句,翻译翻几句,断断续续,人们听懂了尾川的意思:

"八路囚犯王志恭(王铭三的化名)反抗皇军,被俘入狱,皇军念其年纪尚小,不识时务,对其给予照顾,先为他介绍工作,后提拔其到劳工教习所做指导员。但其思想顽固,本性不改,几次闹事,反抗大皇军,骂皇军,打皇军,良心坏了坏了的……因此,皇军决定,王铭三死了死了的,立即拉出去杀头。"

听说敌人要杀王铭三,一些战俘管理干部就找尾川说情,战俘们还派代表找教习所的日本队长讲道理:"你们太君每天讲话,说皇军坚持人道主义,要建立王道乐土,可这么个小孩子并没犯什么大错,你们却不放过,这怎么解释……"

日军也说不出王铭三的具体罪行,可又不愿意轻易放其出来,于是几个日本军官合计一番,决定死罪可免,活罪不饶,应将其重打一顿,关进地牢,让其反省改造。

于是敌人从俘房里找了30多个人围成一圈,把王铭三推进中间,一起围打。都是被俘的难友,谁肯下手毒打,可是不打敌人不干,于是难友们装着使劲打,胳膊抡得很高,

五、怕死鬼与硬骨头

拳头落下却很轻,你推我打,把王铭三推到离日本兵较远的地方,有两个汉奸使劲打了几下,立刻被人们推到一边,并警告他们:"小心自己脑袋,别以为这里没人管了。"

一个好心的难友给王铭三低声说:"快躺下,我们一定想办法救你。"

王铭三假装被打倒在地,一个难友便高声问道:"行了吗?"

尾川说道:"问问他改不改?"

王铭三没吭声,心里却想:"我改什么,我无罪。"

一个难友随后答话:"他改了。"

日本兵怕引起更大的麻烦,只好就此住手:"把他架起来溜一溜。"王铭三便装成一拐一瘸的样子,被难友们架着溜了几圈。随后在日本兵监视下,他被扒掉棉衣,押进地牢。

地牢又称"反省洞",是战俘营惩罚反抗者、逃跑者的一种刑罚。建营四年多,不知有多少抗日英雄和革命战士被冻死、饿死、折磨死在里面。

地牢是个两米宽、两米长、两米高的地窖,阴暗潮湿,墙上湿漉漉的,地上是垃圾粪便,又霉又味儿,洞口一盖,漆黑一片。寒冬腊月,冰天雪地,敌人只让王铭三穿一件单衣关押在里面,又不给饭吃,不给水喝,洞口还派兵看着,不让其他战俘走近。敌人生怕他飞了似的,还找个大盘磨压在洞口上。一个战俘说他已经不能动了,不会跑的,不要盖了,但敌人坚持非盖不可。

第一天过得比较容易,因为被敌人折腾了半天,又累又痛，所以关进去不久他就睡着了，醒来有点饿，还能忍受。第二天就难熬了，又冷又饿，寂寞难忍。为了能活着出去，他就想办法坚持。冻得不行，他就踢腿打拳，活动活动；饿得不行，他就勒紧裤腰带，迷迷糊糊地睡觉。

　　第二天夜里，一个难友趁敌人不在的机会，从洞口里扔下个草袋，扔了点干粮，并告诉他，敌人看得很紧，请他保重。一点干粮对于两天没吃饭的年轻人根本不顶大事，没两口就吃完了。胃这个东西很奇怪，饿久了，胃麻痹了，反倒不觉饿了，可给它一点东西，引起食欲后反而更感到饿了。地牢中的王铭三，饥饿难忍，度日如年，又冷又饿睡不着觉，就想想心事。他想起了早年的乞讨生涯，想起了参军入伍，想起了部队的战友和队长，他想了很多很多。品味着生活的酸甜苦辣，人生的艰难坎坷。他想把自己的心事同战友说说，可身边没有一个人，他感到孤独、失望，特别是——想起刚才难友讲"敌人看得很紧"，觉得这次可能没有希望走出这人间地狱了，与其在这里活活受罪，还不如死了痛快。可又怎么死呢，上吊还要有根绳子呢！他看到身下的草袋，准备把草袋上的草绳解下来，一死了之。

　　他刚动手解草绳，忽然听到洞口有响动，他急忙移过去，原来又是两个难友趁深夜来看他，还送了些吃的，并鼓励他坚持下去，等待同志们的营救。

　　听到同志们的鼓励，王铭三落泪了，暗自惭愧想道，为什么想到死呢？为什么不坚持下去和敌人斗争到底呢？从这天起，他增强了活下去的信心，增强了活下去的勇气，决心不管再遇到多大的困难，也要坚持下去。

5. 以死抗争的王文波

当王铭三在地牢里受煎熬时，战俘营的难友正在想尽各种办法对他进行营救。做工作最多的要数总班长李文田和干部班的王文波等人。

李文田原是藁城县一个除奸团长，敌人认为他是青救会的群众，让他在干部班当总班长。他平时同王铭三相处得不错，曾一起研究过组织战俘劳工进行斗争的事情。王铭三被押进地牢后，他就利用战俘管理干部的特殊身份，找翻译官、找日本人讲理说情，希望对其进行营救。

王文波原是冀中军区后勤部长兼供给部政委，1942年同朱占魁一块过铁路回冀中时在清苑县被捕。被捕后敌人就搞清了他们的身份，朱占魁因表示愿意同敌人合作，成了"座上宾"，被请到日军司令部；而王文波因立场坚定不肯同日军合作，成了"阶下囚"，被押到石家庄战俘营。

到战俘营后，敌人多次严刑拷打，他都不屈服。敌人给他纸张，让他写八路军的情况，他却列举了日本侵略者的十大罪状，惹怒了日本人，遭到一顿毒打。后来身体被敌人搞垮了，他被送去医院治疗。当看到医院放的紫药水、红药水等药瓶子时，他就想服毒自杀，以死抗议。趁医生不注意，他拿起来就喝，决心一死了之。但是日本人不肯轻易放过共产党的高级干部，还幻想从他嘴里得到共产党的核心机密，让他影响其他被俘人员投靠日军。于是日本人立即组织人员

· 85 ·

对其进行抢救,又把他从死亡边缘拉了回来。为了收买他,敌人把他安排在干部班,不让其外出干活,还派战俘刘根山、王天寿两人对其进行护理,并特意送来一袋白面专门为他改善伙食,战俘营每天吃两顿饭,小灶每天给他做三顿饭。

知道王铭三被押进地牢后,李文田和王文波就同其他被俘干部一起商量营救办法。李文田找到同情战俘的翻译金村,再由金村带着同战俘营的日本队长说理讲情,反映小王饿得已不会动了,冻死人、饿死人是不人道的,对一个中国小孩都如此残忍,还讲什么"中日亲善",什么"王道乐土"……

在金村和李文田的要求下,到第五天,日本人才答应给王铭三送饭,并给了他一条破被子。王文波听说敌人同意送饭,每天吃饭时便把自己的饭分出一份来让人送给王铭三,自己吃三顿,也给王铭三送三顿。开始几天送不到王铭三手里,王文波也吃不下去。几十年后,王铭三想起王文波在狱中对自己的关心,仍旧念念不忘。

王铭三在地牢里的生活条件改善了,斗争的劲头也更足了。但是敌人仍然不同意放他。又经过战俘干部的多次交涉,直到关押半个多月后,敌人才答应把他放出来,送往井陉煤矿充作劳工。王铭三同李文田等人被押送至井陉煤矿后,又多次组织战俘劳工同敌人斗争,不久便逃离矿山,回到冀中军区。60年后,王铭三等人在战俘营的斗争经历被整理成《小八路——王铭三地下工作纪实》出版,原红一军团参谋长、抗大二分校校长，后任中央军委总参军训部副部长的孙毅亲自写了序，肯定了这位小红军的斗争精神。

把王铭三置于死地的朱占魁，在新中国成立后被人民政府判了刑。1956年3月，他在河北保定第一劳教队改造时，还曾给王铭三写信道歉。

六、"特别支部"的秘密活动

石家庄战俘营内,被俘党员的斗争活动始终没有停止过,有组织的支部活动开始于 1942 年夏天。当时,战俘营里有两支共产党的力量比较活跃,一支是以中共冀南五地委书记王泊生为首的地方干部,一支是抗大二分校直属的抗三团的军队干部。他们接受党的教育多,思想觉悟高,特别是一些从延安来的老红军,不仅立场坚定,而且斗争经验丰富。被俘后虽然失去自由,但仍想着如何建立党的组织,发动群众同敌人斗争。

1. 组建党的同情小组

1942 年 4 月 29 日,日军在接连 4 次对冀南根据地进行了千人以上的"扫荡"之后,又集中了 3 个独立混成旅团的 1.2 万人对冀南根据地进行了"四二九大扫荡",冀南区党政军机关虽然突围,但部队损失很大,第四军分区司令、政治部主任和新四旅政治部副主任等光荣牺牲,冀南五地委书记等不少干部战士被俘。5 月初,日军又集中 4 个师团 2 个旅团共 5 万多人对冀中根据地进行了规模空前的"五一大扫荡",又有大批党政军干部被抓被俘,押到石家庄战俘营,其中级别较高的俘虏有冀南五地委书记王泊生,冀中某地区区队长(小团团长)徐梦纯。不知什么原因,他们被捕后都暴露了自己的身份。送来的花名册上,清清楚楚地写着"冀南第五地方委员会书记"。不过战场上的日军并没弄清中国地方抗日武装的关系,把他们当成普通战俘送了进来。当时,劳工教习所干部班副总班长史含光、处理科科长傅充闾被俘前也是冀南的,而且都认识王泊生,于是立即告诉处理科科员邱伟"冀南捉来一个干部,是地委书记,审讯时注意保护"。邱伟在填写战俘登记表时,将王泊生的身份改为"冀南第五军分区司令部文书",将徐梦纯的身份改为"区游击队战士",把他们编到普通班,暗中保护了起来,并给他们介绍了劳工教习所的具体情况。

为了加强战俘营被俘人员的领导工作,王泊生在老部下的掩护下,很快与徐学俊(王一夫)、史寒光(史子荣)等人取得联系。当时徐、史二人已担任了干部班的正、副总班长,利用这个便利条件,他们又串联了几个被俘的管理干部邱伟、刘文秀、宁心立、李西亭、徐梦纯、王春岭(黎亚)等人,于1942年5月,在石家庄战俘营秘密召开了一个会议,成立了"党的同情小组",规定了小组的任务:①已暴露身份的,要伪装积极争取敌人的信任,以掩护未暴露的同志;②组织力量打击坏分子的破坏活动;③设法改善被俘人员的生活;④在普通班未暴露身份的,争取早回部队;⑤到煤矿去的人,伺机组织逃跑。

同情小组成立后,战俘营的管理干部大多数都能按小组的指示进行工作。原来战俘营往煤矿输送劳工的花名册由日本办公室负责填写、保管，后来同情小组成员伪装积极，取得日军和翻译的信任后，劳工花名册交由处理科填写，这样同情小组便有了劳工调度的主动权，把一些干部的编号往前提，让他们早日出战俘营，为逃跑创造条件。对那些表现不好的、效忠日军的，则想办法孤立、排挤他们，不让他们出战俘营。战俘营规定：50岁以上的人不去煤矿，女战俘不去煤矿。他们便通过同情战俘的翻译金村，把共产党领导干部的年龄由小改大，把30岁改写成50岁，趁战俘营释放老弱病残时，让他们跟着混出去。另外，他们还采取用活人冒充死人的方法，让拉尸队送出了一部分同志。1942年，石家庄战俘营向外输送劳工近万人，他们借此提前送出不少共产党、八路军战俘，还借释放老弱病残的机会，释放了50来名战俘干部。

2. 建立秘密支部

与此同时，抗三团组织股副股长谷自珍（化名刘旺）被捕入营后，考察联系了一批抗三团的党员，挑选未暴露身份、立场坚定并能大胆工作的中共党员，成立了一个秘密支部，因为成立于6月1日，又是在没有与上级党组织和地方党组织取得联系的特殊环境下成立的，所以命名为"六一特支"（又称"六一小组"），谷自珍任书记，王忱（化名杜五子）任组织委员，刘亚龙（化名张顺）任宣传委员，庄子凯（化名王士林）任小组长，共有党员十余人，联系着原抗

六、"特别支部"的秘密活动

三团的被俘人员几十人。根据当时的情况,"六一特支"规定了支部的主要任务:①教育团结党员群众,坚定革命立场,树立抗日必胜的信念,保持革命气节和民族气节,不当叛徒,不为敌人做事,积极想办法找机会逃出敌人的监牢,回到原单位,或回家乡去。②发展壮大党的组织,先把表现好的党员组织起来,再逐步考察吸收立场坚定、思想进步、积极工作的党员参加组织,壮大力量,以便开展工作;对表现不积极的党员干部进行帮助教育,使他们坚定革命胜利信心,也能积极行动起来进行工作;对表现不好的党员干部从侧面进行教育,要他们保持革命气节、不做坏事,并经常派人观察监视其行动,防止其变节出卖同志。③教育团结被关押的群众,向他们进行宣传工作,随时随地利用各种机会、各种方式宣传党的抗战路线和政策,揭露敌人的反动本质和欺骗行为,坚定抗战必胜的信心。④在可能的情况下对敌人开展一些破坏活动,在外出劳动时采取"磨洋工"的办法对付敌人,不给或少给

图19 谷自珍,内蒙古人,1927年参加革命。抗大二分校第三团组织股副股长,1942年"五一反扫荡"中被俘,关进石家庄战俘营后秘密建立"六月特支",组织难友同敌人斗争,最后从本溪煤矿逃回部队(何天义研究室征集图片)

敌人劳动,并借外出机会观察战俘营周围及外面的地形和社会情况,组织被俘人员越狱逃跑。⑤寻找机会同战俘营外的党组织取得联系,以便更好地开展工作,在教习所内要保持健全的党组织,并想办法逐步在敌人已利用的管理人员中展开工作,尽力传播革命种子,随着敌人的劳工调配行动组建和转送党的力量。

3. 统称"六月特支"

在"六一特支"成立的同时,王泊生在"党的同情小组"的基础上,又秘密活动,同宁心立、史寒光等一起,于6月18日组建了"六一八支部"(据王一夫回忆说是"五月特支"),王泊生任书记。在工作开展过程中,王泊生和谷自珍取得了联系,几经商量,决定两个支部合为一个支部,统称"六月特支"。

统一后的第一届支部领导由王泊生任书记,谷自珍任副书记兼组织委员,刘亚龙任宣传委员,党员开始20多人,后来,随着人员流动,一些新入营的党员干部被吸收入支部,最多时100多人。支部领导也随着外送劳工的进程,及时进行调整和增补,先后担任支部领导的有赵秉均(化名王风)、李振军(化名马良)、朱韬(化名李满贵)、石岩等。石岩出战俘营当劳工时,把支部一些工作向原同情小组成员、处理科长邱伟进行了交接,但支部的组织情况没有交底,后因邱伟1943年初出营,"六月特支"在战俘营的组织活动停止。但原同情小组的一些成员和受"六月特支"影响

六、"特别支部"的秘密活动

的战俘管理干部仍然在继续活动。

"特别支部"成立后,除个别科室,战俘管理干部多数都在"特支"的掌握下。他们用革命的两面手法和敌人进行斗争,每个新进来的俘虏照例要经过审讯,表面上一切如故,还是那间房子,还是那些问题,审问过程中还是拍桌子瞪眼,日本人也还是照常来"巡视巡视",但这时的审讯已不是折磨革命者的手段,而成为保护好人、打击坏人的合法形式——对那些主动投敌的汉奸顽伪人员以及对共产党和八路军抱有敌意的人,就要给他们吃点苦头,使其有所收敛。

这期间,战俘营的斗争由自发变为自觉,由个别现象变成普遍现象。外出劳动不是"磨洋工"就是"小破坏"。地基挖了又填,填了再挖;成堆的新砖新瓦,转眼间碎了一地;干着活,不是锹把折了,便是镐头掉了;拉着车正走到半道,轮胎无缘无故地跑了气,停下来一修就是个把钟头。劳动休息时,还同警戒的日本下层士兵谈天论地做争取工作。因为多数日本兵不懂中国话,劳动休息时,日本兵让战俘们唱中国歌,"特支"的党员们就组织难友们给日本兵唱《牺牲已到最后关头》《救亡进行曲》《大刀进行曲》等革命歌曲。一些受到影响的日本士兵值勤时睁一只眼,闭一只眼,只要当官的不在,就比较随便;当官的来了,他们打个招呼,战俘劳工们就干一会儿,当官的一走,又接着聊天。

"特支"的党员们通过个别谈心,单线联络,对思想动摇的个别人进行了教育,对悲观失望的同志给予了鼓励,对身体有病的难友给予了安慰和照顾,不仅坚定了八路军被俘人员的信心,而且教育了一部分国民党被俘官兵。战士学员张景润病重,难友刘志嘉利用在杂役班干活之便,从伙房弄来烙饼和水,偷偷给他送去。党员们有时还把剩饭藏在铁壶中,偷偷送到地牢里,挽救地牢里战友的生命。

4. 伪善岂可粉饰

就在战俘们在营内遭遇各种折磨,于死亡线上挣扎时,战俘营办公室通知战俘管理干部班和各科室,说最近华北方面局有个高级军官要到战俘营视察,要战俘营做好各种准备。

高级长官的光临,是石家庄日伪军政官员的光荣,也是他们的负担。为了显示日军治理的功绩,营造日中友好的气氛,战俘营加紧进行了准备。为了掩人耳目,弄虚作假,日军从几千战俘中挑选了100多名年轻体健的战俘,以战俘营警备班为主,让其把脸洗干净,把房子打扫干净,换上干净整齐的衣服,加强军事训练,军乐队整天敲鼓吹号,警备班加紧起步正步操练。宿舍里睡铺叠得整整齐齐,厨房里也摆上了几张桌椅,伙食也稍稍好转,橡子面里加上了玉米面,稀饭是用高粱米煮的,有几次还摆上了白面馒头。

为了粉饰太平、友好气氛,日军还让挑出来的战俘与看押战俘的日本兵一起做游戏娱乐,准备排练好后,在高级长官来时进行表演。张东里就是当年被挑选出来的100多个青年之一,他在回忆录里记述了当时的情景:

六、"特别支部"的秘密活动

那是在战俘营鬼子兵住的那排住房边的空地上,场地边有几名外边来的鬼子军官坐在几把椅子上观看。首先是做"击鼓传花(帽子)"的游戏,我们这100多名"囚犯"和几十个鬼子兵混合围成一个大的圆圈站着。翻译官说明游戏的做法:有两面洋鼓,有两名鬼子兵在松一阵紧一阵地擂着,人们用一顶鬼子的军帽(因为我们都没戴帽子,个个都是被剃光了头的)顺圈传起来,鼓声一停,帽子落在谁手里,谁就算输了,就要表演个节目,唱歌、出洋相、学狗叫……都算数。

看来鬼子的感觉、动作并不灵敏,输了受罚的多半是鬼子兵,他们输了就是唱呀、跳呀……很高兴似的,我们的人一是输的不多,再则,谁还有什么兴趣来表演呢!你把我们关押在这个人间地狱之中,还假惺惺地说和我们"同乐"呢?这明明是强人作乐罢了!我看这种场合,也不能认输,输也得出口气,我寻思着机会,结果我输了,轮到我表演节目了。我也大大方方地对众人说:"我表演个老黄牛抵头。"我就把落到手中的鬼子的帽子歪戴在头上,两只手八字形叉开,紧抱着脑袋,口里发了"哞哞……"的叫声,先向一个自己的难友身上顶了一下,折转头向一个鬼子的小肚子顶去,把这家伙顶得倒退了两步,抱着肚子直哼哼。他用手指着我吼道:"你的大大的坏了坏了的!"大家都情不自禁地笑了。我在欢笑和吼叫声中,把帽子丢向擂鼓的人,迅速回到我的位置上,边走边发出"嘿嘿嘿"的假笑声。由于是"同乐",鬼子兵虽觉不对劲,但又沉浸在众人的欢笑中,所以也并没有借此生事。

过了一阵,又做"丢蛋"的游戏。人群围着一个圆圈坐下,一人拿一个用手帕结成的圆蛋,绕人圈而行。坐着的人不许回顾,只许凭感觉或背着去摸摸后边是否有"蛋"。丢"蛋"的人做着各种掩饰没有丢下去的动作,一边急急绕圈而跑,如果丢"蛋"的人跑过来,那个背后落有"蛋"的人自己还没察觉身后有"蛋"而被捉住了,就算输了,就要表演节目。在这场游戏中,因为战俘的体力差,跑得慢,鬼子兵身体好,跑得快,所以战俘吃亏受罚的就多点。我们的难友在做这个游戏时,也是想方设法取笑鬼子兵,如有的难友在假装把"蛋"丢给鬼子兵时,用手拍一下鬼子的头说:"蛋……"结果没丢给他。而且只要是战俘们"丢蛋",对象总是鬼子兵。

"丢蛋"输了,要受罚表演节目,日本兵都是发挥浑身解数表演,而我们战俘哪有那样的心情,安分守己的难友怕惹是生非,受罚时只是学学猫叫,学个小脚女人走路,也没有什么叫人可乐的节目……不过有个难友表演,可真是别出心裁。他学一个老头走路,走一步退半步,嘴里念道:"老爷爷饿得走不动路了!唉!唉!就是你们这些王八羔子不好,你们挨刀杀的。"说话时还用手指着鬼子兵,难友们哈哈大笑,鬼子还不知道他们在笑什么呢!

六、"特别支部"的秘密活动

两个对立的民族,两国对立的军人,能够真的同玩同乐吗?假的就是假的,虚伪的宣传岂能骗人。就在"同乐游戏"之后不久,日军又在战俘中挑选会打篮球的人,组成一个球队,要在石家庄公开和战俘营的日本兵进行篮球比赛。难友中确实有些不怕事的年轻人,如某村青救会委员李可,20岁的样子,新婚不到10天就被抓来,他听说要组织篮球队,就主动向总班长报名。不到一天就有20多人报名,听说参加球队伙食好、能吃饱,张东里在难友宋卜的关照下,也被选进了篮球队。

战俘营没有篮球场,日本兵就拿了个半新不旧的篮球叫战俘球队拍打练习,活动活动手脚。篮球队的队员在伙房里吃饭时也得到些照顾,橡子面掺玉米面蒸的窝窝头让吃饱了,还有点稀饭,但身体太虚弱了,哪能一时就好起来呢!两天过去了,第三天大清早,一个满嘴金牙的翻译官说:"在这次篮球同乐赛的球场上就不分什么皇军和'囚犯'了,该怎么打就怎么打,打输了没啥,但不能和皇军打架……"

战俘球队列队出发时,翻译叫张东里站在排头,并让他在球场上招呼招呼,张东里也没推辞。他们穿的仍然是战俘营"号服",上衣背后有一块写着号的白布,缝在衣服上,长短不一,五花八门。一字长队排列着,前后有十几个武装日本兵押着,走向石家庄市内,街上站满了观看的人。笑声、骂声、孩子们的吼叫声交织在一起,什么也听不清。

一直走到城区一个比较僻静的球场,这个球场三面有土墙围着,一边靠大路。里边安有一对篮球架,看样子经常有人在这里打球。观看这场球赛的人也不少,但多半是小孩子,老年人也有。他们到达球场时,日军的球队早已在练习了。他们也下场开始练球,不过这12个人中,也只有五六个可以勉强算得上"会打球",有的连篮球的基本规则都不懂。不管是出于什么目的,难友们敢来和日军比赛,这份勇气就是可贵的。

翻译官规定他们在球场上不能脱衣服,以"号服"上的号码作为队号。日本的球员衣着整齐地上场了,战俘队刚刚练球还没十分钟,裁判员就吹哨子跳球了,李可打中锋,张东里打后卫……球赛的战幕拉开了。

前三分钟,双方都没有得分。日军队仗着体力好,跑得快,力气大,打球又野蛮,连连碰倒战俘队几个人。李可有点冒火,他年轻,力气还好,有几次和日本人碰了个两拉倒。再往后,战俘队的防守就支持不住了,日本队连连得分,记分牌上出现:10∶0、15∶0、20∶0、28∶0,日本人每投进一个球,围观的人们都发出"唉唉唉"的叹息声,战俘队每有机会向篮球圈投一次篮,即使没有进球,人们也都自觉地发出"好好好"的欢呼声和鼓掌声。战俘队被这个场面感动了,心想:石家庄的人们在鬼子的刺刀压迫下,心还是热爱祖国的!是向着他们这群被鬼子折磨的同胞的!战俘队的劲头也来了,互相冲撞的事也多了,双方似乎都有预感这不是什么"同乐",而是一场镇压与反抗的对垒球战……

日军队球员似乎也感到有点不对劲,打球的野蛮劲更大了。在场观看的10多个日本兵对观看的人们连连吼叫,球场的秩序有点乱了。正在这时,李可趁日本球员不备,举手投篮得分,这下子围观的大人、小孩欢呼起来,跳起来,球场上一片欢腾声,上半场还没完,裁判员一声口哨"暂停",场上的比分是30∶2。

由于球场欢腾起来,押送战俘队的日本兵冲着人群喊道:"回去的,回去的。"围观的人们又是一阵哈哈哈的笑声。

这场特殊的球赛只进行了不到20分钟就结束了。战俘队虽然只得了两分,但他们与石家庄同胞的心是相通的,最后的胜利属于中国战俘和中国人民!

这场特殊的球赛,敌人的用意是想让石家庄的人们知道他们抓到了八路军的俘虏,以炫耀其战果,并彰显其对俘虏是"文明"相待的,还和战俘进行"同乐"的篮球赛。敌人的用心是良苦的,结果呢?石家庄的同胞们(包括小孩在内)看到的是被日本人折磨得面黄肌瘦的一群难友。事实告诉人们,被关押的同胞正受着惨无人道的摧残。当然,石家庄的同胞也看到了战俘们在篮球场上所表现出的顽强精神。难怪全副武装的日军只被一阵哄闹就吓得收兵罢战,他们是多么害怕正义,害怕人民群众!

5. 刺杀冈村宁次的密谋

就在战俘营加紧准备迎接北平来的高级长官时,战俘营干部班内部秘密传播着一条消息。来石家庄战俘营视察的高级军官,不是别人,正是华北方面军最高长官冈村宁次司令。

抗战时期，在华北提起冈村宁次，根据地的民众无不咬牙切齿。这个出生在日本京都德川家族的世家子弟，在日本陆军大学学习时，只不过是"中国班"的一个二流人物。由于"东方会议"之"新大陆政策"的贯彻，日军发动侵华战争，才使他青云直上，由中尉变成大将，由下级军官提升为关东军副参谋长、第二师团长，又于1941年继多田骏之后，担任了日本华北方面军的最高司令官，后来又担任了日本中国派遣军总司令官。他在上海时参与了日本慰安妇制度的策划和制定，坐镇华北时，又发明了"十面出击""铁壁合围""梳篦拉网""剔抉清剿"等新战术，制定了"杀光、烧光、抢光"的"三光"政策，发动了一系列惨绝人寰的大"扫荡"。1942年前后，他在几次坐飞机指挥华北地区"扫荡"之后，又提出要视察日伪统治下的石门模范市及关押中国战俘的战俘营。

听说冈村宁次要视察战俘营，干部班各科就私下研究如何杀死他。李实、张守恒等人认为，只要能杀死冈村宁次，就是大家都牺牲也值得。卫生科科长戴锡寿提出用盐酸泼在冈村宁次的脸上以杀死他，有的人说趁其不备，一拥而上拳打脚踢打死他……

但没等他们准备好，冈村宁次就突然来到。这天，石家庄和战俘营全部戒严，日军和警察五步一岗，十步一哨。除了挑选出的100名战俘，其他人都关在屋内，不准外出活动。冈村宁次在所长陪同下看了看事先准备的战俘宿舍和战俘食堂，远远地看了日本兵和中国战俘的所谓"同乐游戏"。

战俘干部们也不准接近冈村宁次,暗杀计划没能实现,大家非常遗憾。但行刺的准备却被敌人发觉了。敌人把审问科长李实和科员庞绍斌等人押到日本宪兵队严刑审讯,关押了三个月,因被抓人员拒不承认,敌人又没抓住真凭实据,李实被押往何处下落不明,庞绍斌等人又被押回战俘营。

6. 让革命火种四处播扬

为了让革命火种四处播扬,"特别支部"利用战俘管理干部掌握的权力,改换名单和号码,根据斗争需要和难友的身体状况,让有的人提前出营做劳工,有的人推后出营。得知每批外出的名单后,"特支"及时指定留所"特支"的负责人,并给予具体布置。对外出当劳工的党员,每走一批,都尽可能成立一个临时党支部或小组指定一位负责人,以便出营后继续进行斗争。

在本溪柳塘矿,"六月特支"的第一届负责人王泊生、谷自珍带领一批工人逃离煤矿后,留下的特支委员刘亚龙(张顺)、田宝林等又建立了临时党支部。与此同时,孙少勇、杨锡岳、张凤祥也组成了党支部。不久,两个支部合并,统一建成了以孙少勇、刘亚龙、裴正国、谭庆高、邓伯图、田喜文等为主要成员的共产主义领导小组指挥部,指挥部单线秘密领导田宝林(王长海)、雷鸣(雷振川)、康正德、赵仲林、藏章等领导的几个党小组。

在本溪茨沟矿,石家庄战俘集中营送去的战俘劳工王庆锁,联系邢房银、郝振光、赵登录、冯荣绶等,也成立了秘密支部,王庆锁任书记,秘密联系着三四个自发组织起来的党小组。

在阜新的新邱矿,石家庄"特支"负责人李振军、朱韬、崔溯源组织了"新邱特支",并举行了著名的"新邱暴动"。在阜新高德矿,"特支"党员翟光、范荣绪等成立了"塞北支部",后来又同李振军领导的"新邱特支"合并建立了"十月特支"。在阜新太平矿,第六特殊工人大队的黎亚、李洪年、芦纪和第八特殊工人大队的张立言、邸欣等共产党员,都分别建立了党的秘密组织。在抚顺、鞍山等地的战俘劳工党员也都组织群众同敌人进行了斗争。

七、改编劳工训练所

太平洋战争爆发后，大量日本男性进入战场，国内劳动力不足的状况更加严重。鉴于伪满洲国地区从华北输送劳工的经验，一些日本经济会社向日本政府建议向本土引进华人劳工。1942年11月27日，东条英机内阁会议通过了《关于将华人劳工移入日本内地》的决议。1942年12月，日本企划院组织"华北劳动事情视察团"到中国华北、东北的煤矿、港湾进行考察，还特地到石家庄战俘营和济南战俘营进行了考察。考察团的前田一还写了一本专著《特殊劳动者的劳务管理》，把石家庄战俘营作为教习训练特殊工人的范例进行了详细介绍。1943年3月2日，日本官方又制定了《华人劳务者内地移入要纲》，根据这些决议和要领，从1943年3月至11月，将1 420名中国劳工先行"试验性地移入"日本，从事重体力劳动。

为了完成这项任务，日伪当局一改过去由日军管理战俘营的办法，把向日本输送劳工的任务交给华北劳工协会承办，拟定把石家庄战俘营和济南战俘营改为劳工训练所，计划从1944年开始，正式向日本输送劳工，年度任务3万人，并要求在1943年11月先从石家庄战俘营试验性移入200多

图20 石家庄战俘营的战俘列队前往火车站，被强掳到各地充作劳工（藏本厚德拍摄，上羽修提供）

名战俘劳工至日本三井矿山山野矿业所。在组建石门劳工训练所管理机构时，日军第一一零师团的特务机关准备让在冀中警备旅当过团长现为师团谍报班的谍报员张子元担任石门劳工训练所副所长，于是日本谍报班长河野约定张子元这天上午一起到石家庄战俘营。

1. 难以接受的工作

这天吃过早饭，张子元就来到日军第一一零师团司令部谍报班长河野住处，准备停当，两人便前往石家庄战俘营。

张子元过去曾随河野来过这个战俘营，主要是帮助河野审问战俘，了解各根据地的情况。所以昨天河野通知张子元到战俘营时，张子元也没问干什么，快到大门口时，河野却

七、改编劳工训练所

说:"张桑,今天到劳工教习所,不是要你陪我,而是我陪你。"

"陪我?"张子元不解地问道。

"对,陪你,陪你来这里参观参观。"

"为什么要参观?"张子元不解道。

"是这样,因为战线的延长和战事的扩大,现在日本国内非常缺少劳动力,不久前本土派团到'满洲'和华北来考察,认为从中国往日本输送劳工是可行的,日本政府已与华北劳工协会签订了往日本本土输送10万名劳工的协议,并决定把石门劳工教习所改为劳工训练所,直属华北劳工协会管理,专门负责向日本本土输送劳工。"

张子元插话:"向日本输送劳工,这事我倒是第一次听说,不过,这和我有什么关系?"

"有关系,前些天你不是要我给你介绍个职业吗?恰好这次华北劳工协会需要管理劳工训练所的副所长,我向他们推荐了你,我想你会喜欢这一职业的,所以今天我特意安排你到这里看一看。"

前些天,张子元确实来找河野要求过介绍职业,那是根据王子兴的指示,尽量在敌人营垒中谋取更高的职务,以便更多地了解敌情。就张子元的本意,是想在治安军和警察中活动活动,弄个职位,训练一支武装,以便今后拉回根据地。但对到这个人间地狱中当小鬼判官,他连想都没想过,既不喜欢,也不想干,不过他并没有当面拒绝,只是婉转地说道:"那我得谢谢河野先生的关心,不过我担心干不好。"

"我相信你能干好,不过现在并不要马上决定,今天先看一看,了解了解情况。"

他们正要进门时,忽然,几辆军用卡车开进了战俘营大门,车上载着被日军抓捕的抗日军民,每个人都被绳索捆绑着,而且由日军武装押送。看到自己的同胞受难,张子元心里很不舒服,想到今后自己将要到这里工作,心里就更不是滋味,不过还是强打精神跟着河野走进了战俘集中营。

刚送来的战俘被赶下了汽车,不,应该说被推下了汽车,在广场上列队点名,由押送部队的日军向战俘营的日军按照名册一个个点名移交。清点后,管理人员给战俘们松开捆绑的绳索,由日本管理人员和翻译集体训话。

翻译简短介绍了入所须知,卫生科几个穿白大褂的日本医兵便走过来:"统统地脱掉衣服,到北边席棚里去'消毒'。"战俘们不肯动,日本兵就用棍棒、皮鞭逼着他们脱去衣物。于是,广场上百余名战俘脱了个一丝不挂,冷得上牙打下牙,被驱赶着跳进水桶里"消毒",然后被带到操场上光着屁股跑步,直到把身上的水跑干了,才发给两件旧衣服。

看到这一切,张子元心里很不好受,催着河野往劳工教习所办公室走去。在办公室里,他们听日本队长和翻译介绍了劳工教习所的编制机构和管理情况,然后随翻译在战俘营走了一圈,参观了战俘劳工监舍和病栋,又参观了战俘营的农田和工场。日本队长吹嘘自己管理有道,治理有方,把这里说成是战俘的天堂,可张子元看到的却是一个个面黄肌瘦、骨瘦如柴、不人不鬼的形象，实实在在是人间地狱。

开饭钟敲响了，战俘劳工们从工场农园走向监舍，整队打饭，各队各班的值班人员从食堂抬出一个木箱，木箱里盛的是高粱米饭。战俘劳工们拿着自己的食具——一个日本兵吃剩的空罐头盒当碗，两根树枝当筷子，站在院里等待打饭。数九寒天，滴水成冰，刚出锅的饭还冒热气，分发几次抬到院里成了冷米饭。人们不管是冷是热，一个个狼吞虎咽，使劲往嘴里刨饭，有的没筷子就用手抓着吃。张子元走过去，端过一个战俘劳工的罐头盒看了看，又脏又黑的罐头盒里盛的高粱米半生不熟，又是石头块又是高粱壳，尝一口又涩又碜牙，下饭的菜就是两片咸萝卜。张子元想，这哪里是人饭，这和猪食差不多。

张子元越看越不忍，心里对战俘营的工作十二分地不愿意干，也觉得没法干。要优待战俘，照顾同胞，日本人肯定不答应。可要虐待战俘，折磨同胞，自己的良心会受谴责。同胞们遇难，自己不能救助，却要协助日本人把他们送到日本当劳工，这不成了地地道道的汉奸走狗，千古罪人了吗？将来怎么向党和人民说清呢？他决定立即找地下党负责人王子兴汇报请示。看到这里，人们或许要问：张子元是干什么的？他为什么被日军推荐为劳工训练所副所长？他又为什么要向王子兴请示报告？那还得从头说起。

2. 被俘的八路团长

张子元原名张文奎，字紫元，河北博野人，早年参加旧军队，先后干过步兵、炮兵、卫生兵，当过班长、排长、连长、营长，转战河北、河南、山东、江苏，在军阀混战的年月，他打了10年仗，没有找到老百姓喜欢的部队，不得不回家乡担任小学教员。

1931年九一八事变后，他先参加了方振武组织的抗日救国军，后到张家口与冯玉祥领导的抗日同盟军会合，北上抗日，攻克康保、宝昌、清源、多伦，把日伪军驱逐出察哈尔省境。后因蒋介石的经济封锁、军事围攻、挑拨离间、分化瓦解，冯玉祥被迫下野，同盟军解体。

1937年七七事变后，他同张仲瀚在家乡组建了博野民军。张仲瀚任民军司令，张子元任副司令兼一团团长，共辖三个团。党中央派孟庆山在冀中组织河北游击军，他积极联系；吕正操率人民自卫军到博野，他夹道欢迎。1937年冬，晋察冀边区政府在阜平成立时，他作为代表，率自己

图21 张子元，早年参加抗日救国军、抗日同盟军。1942年5月反"扫荡"被俘，到石家庄日军情报部门做地下工作，后经日军特务机关推荐，同时经晋察冀社会部批准，到石门劳工训练所担任副所长。利用工作之便，成立了战俘营地下工作小组，保护和营救了一大批党政军干部（张子元提供）

所在团，护送冀中各县县委书记、工农会干部过平汉路前往参加大会，到军区军政干部学校受训，受到聂荣臻司令员的

七、改编劳工训练所

热情接待。此后转战在冀中敌后战场,打了无数小仗。为冀中十分区开辟大清河北根据地打下了基础。此后,博野民军接受共产党领导,先后改编为冀中民军、民众抗战自卫军、八路军冀中警备旅,张子元任一团团长,成了八路军的正规野战部队,张子元也加入了中国共产党。

1940年初改编后,张子元率一团奉命到太行区与129师会合,在八路军总部朱德总司令和刘伯承、邓小平指挥下,参加了反击国民党反动派第一次反共高潮的主要战役,后奉命回冀中,为新组建的六地委开辟沧石路南的根据地。百团大战中,张子元率一团在石德路参加破袭战,多次击溃扫荡之敌。

1942年初,张子元调延安党校学习,因过不了平汉路,暂时留在冀中军区的临时训练班。"五一扫荡"开始后,张子元回部队参加反"扫荡"作战,冀中军区参谋长沙克给他打电话,说党、政、军机关要疏散,冀中区党委警卫营和公安支队的2 000人都没打过仗,要张子元带一部分战斗骨干指挥这支队伍反"扫荡",设法跳出敌人的包围圈。接受任务后,张子元就带上这支队伍同敌人周旋。

这天晚上,情报员回来说明天敌人要在深南"扫荡",并说冈村宁次到深县亲自指挥,还有飞机坦克配合,于是张子元同警卫营长、公安大队长研究后,连夜把这支队伍拉到石德路南,一直插到路南10公里的村庄,跳出了敌人的包围圈。但等张子元到路南指挥部汇报时,这一行动没有被指挥部负责人警备旅政委认同,为此两人发生争执,险些动了手。但张子元毕竟还是军人，下级必须服从上级。两天后他又把这支部队带回了路北，实际是再次钻进了敌人的包围圈。为了保存实力，冀中主力和党政军机关却离开了冀中，转战冀南、冀鲁豫、太行、冀西，历时7个月，转了一大圈才回到晋察冀根据地。

张子元率领的这支没有经验的部队，在冈村宁次的铁壁合围中，虽然左冲右突，苦战数天，还是被打散了，张子元也在战斗中被俘。所幸的是，抓他的伪军是他原先在河北民军时的部下。伪队长卢绍基原是民军的连长，他没有杀害张子元，也没有向日军报告，而是把张子元藏在和乐寺炮楼里。

在这次"扫荡"中，敌人虽然抓捕冀中抗日军民数万人，但团以上干部人数不多，像张子元这样对冀中、冀南、太行地区党政军情况都比较了解的干部，如果落入敌手或投敌叛变，对革命的损失可想而知。特别是张子元在冀中民军中有一定影响，如果敌人利用他拉军队打八路，那对革命的损失更大。所以，冀中党委和冀中警备旅想方设法寻找他、营救他。

被俘后，张子元的心情很不好，过去在旧军队自己不知道为谁当兵为谁打仗，自从跟了共产党，思想上有了方向，为党的事业奋斗了五年，但错误的指挥导致自己和那么多同志被俘，自己的错误就是未能执行战死的节义，一失足成千古恨，怎么再配为共产党员呢？

几天后，冀中区敌工部原约定派人接他回部队，但迟迟

七、改编劳工训练所

没有来人。这时冀中军区情报处处长张存实派驻石门的外勤组长土世武（真名王革非）来找他。王世武原是一团的营长，被派到石门做地下工作，当时的公开身份是驻石日军一一零师团的谍报员，所以他在敌占区行动很方便。张子元介绍了自己的被俘经过，他觉得旅政委对自己成见太深，回警备旅不会有好结果，再说，一个团长当了俘虏，还有什么脸回原部队带兵打仗呢？

王世武鼓励他不要太悲观，人非圣贤，孰能无过，应该打起精神以功补过，并说张存实有交代，如果张子元回部队有困难，可以同王世武一起到石家庄做情报工作。张子元表示愿意做地下工作，但提出要张存实同意，并电告冀中主要领导吕正操、程子华同意。王世武向情报处汇报后，同意张子元到石家庄做地下工作，王世武帮张子元编造了假履历，通过翻译刘士杰找到日军谍报班长河野。听说张子元原是民军司令，被八路军打败后改编为团长，嫌官小干了两个月不愿意干了，来投奔日军，河野非常高兴，开始试探了他几次，还让他把家属接来。为了取得河野的信任，张子元派人把家属接来住了一段，后来河野就让张子元同其住在一起，帮其鉴别情报。张子元就想办法应付他，有时和王世武一起编些假情报或把公开的秘密给他提供点，所以河野对其很信任，还让其到战俘集中营挑出几个老部下一起工作。

张子元打入敌人情报机构的任务受冀中情报处单线领导，别的部门并不清楚，以为他是投敌，于是冀中区公安局长张国俭又派王子兴（原名孟庆元）打入石家庄考察张子元，如果张子元死心塌地投敌，就在当地处决；如果不是投敌，就控制使用，让其运作更高的职位。王子兴打入河野谍报机关后，对张子元进行了考察，并回冀中公安局进行了汇报。从此，张子元的情报小组名义上归一一〇师团河野谍报班长领导，在地下工作战线却归冀中军区情报处（后旧晋察冀军区情报处）和冀中公安局领导，具体联络人就是王世武和王子兴。为了发展更多的人员，得到更多的情报，根据地要求他们加强活动，运作更高的职位，特别在伪军、伪警察中搞武装，搞情报。这就是河野推荐张子元到劳工训练所的来由。于是当天晚上，张子元就约见王子兴，两人在聚丰厚烟铺的一间小屋里，一边喝着茶，一边谈着情况。

张子元谈了白天的见闻，也谈了自己的想法："总之，我觉得这个差事不好干，真要干了这勾当，我恐怕是跳进黄河也洗不清。"对于张子元的苦衷，王子兴深表理解，不过他觉得这个机会确实难得，不应该轻易放弃，于是他耐心地开导着这位比自己年长几岁的战友："成立劳工训练所，往日本国输送劳工，这是敌人决定的，你我都无能力阻止。成立劳工训练所必然要选派所长，你不愿意去，敌人必然另选他人，如果选一个铁杆汉奸或一个国民党的人去，还不如我们把这个阵地站住，或多或少能为党做点工作。"

"站住这个阵地又能做什么工作，还不是要为日本人效劳，为日本人训练选送劳工。"张子元没有信心地说。

"日本人给的差事，当然得干，不干他能让你在那当所

七、改编劳工训练所

长,你要把战俘放走,他不把你当共产党抓起来?但是表面上给他干,不等于背地里也给他干,像你说的,战俘营生活条件恶劣,你去了就可以想办法改善条件,减少战俘劳工死亡,同时在那里同日伪军政人员接触得多,也可了解敌情,继续搞情报,还可以利用合法手段,营救、释放一些党的干部。"

"那你说还是去好?"

"我认为还是去好,不过事关重大,需要请示根据地党组织才能决定,你先做去的准备,待请示党组织后,再通知你。"

1943年快要结束的前几天,交通员带来上级党的指示,同意张子元打入战俘集中营。也就在这时,日伪政权设在北平的劳工协会也派人接收石门劳工教习所。组建劳工训练所的步伐也加快了。

这天上午,地处朝阳路(现中山西路)东头的铁路公寓格外热闹,石门劳工训练所筹建会正在这里召开。二楼小会议室里,石门日伪政权的军政首脑人物和石门劳工教习所的管理人员坐了一屋,作为未来劳工训练所的管理人员张子元也参加了这个会。

会议主持人首先请华北劳工协会理事长赵琪讲话,这个形若文人书生、实为爪牙走狗的汉奸站起来首先向在场的日本人致意,然后讲述了华北劳工协会的打算:"……诸位同人,为了维护和夺取大东亚战争的胜利,巩固盟邦日本国的后方生产,我们华北劳工协会明后两年要协助盟邦将华工10

万人送到日本去参加后方生产,为此,我们华北要成立5个劳工训练所,即在石门、太原、济南、青岛、塘沽等地成立劳工训练所,以完成协助盟军训练输送10万华工的任务。"

说到这里,赵琪看了一下在场的人员,然后接着讲道:"今天是石门劳工训练所筹备会,我先宣布一下华北劳工协会关于石门劳工训练所组织、机构、人事安排以及成立大会的具体安排……"接着华北劳工协会的日方代表向新任命的4个劳协参与颁发委任状,张子元也是其中之一。

之后,新任命的华北劳工协会参与、石门劳工训练所所长正定道尹杨缵臣,原石门劳工教习所日本所长、三九一六部队负责人伊东大佐,石门劳工训练所参与奥滕寿人等分别讲话,就有关问题谈了自己的看法。

张子元被任命为华北劳工协会参与兼石门劳工训练所副所长,在这种场合他不能多说也不能不说,不能过于热情但也不能过于冷淡,于是他也不卑不亢地表了个态:"感谢皇军的信任和重用,本人一定为劳工训练恪尽职守,兢兢业业。"

会议啰里啰唆开了一上午,讨论完有关事务后,正定道尹杨缵臣请赵琪为劳工训练所书写了门口的大牌子,最后一同到正东街一家日本料理店聚餐。

3. 地下工作小组

1944年元旦,石门劳工训练所正式成立,成立大会在战俘集中营的操场上举行,全体战俘劳工们集合,新任命的领导和全体职员列队参加，华北劳工协会的理事长赵琪，日军代表劳工教习所负责人依东大佐致辞……一场喧闹后，劳工训练所工作陆续展开。

不久，日军第一一零师团参加洛阳作战，石家庄的防务工作交给独立步兵第二旅团（代号1822部队）接管。日方的名誉所长依东大佐于1944年病死石家庄后，由日本驻石门特务机关长嘉岛大佐负责，劳工协会任命的所长由伪正定道尹杨缵臣（后为韩亚援）担任。副所长由张子元担任，实际权力掌握在日本参与（顾问）奥滕寿人（后为芦田孝顺）手中。所部设事务室、练成室、医疗班、农园班、会计组。事务室下分总务系和用度系，所部下管两个训练部。

第一训练部部长由副所长张子元兼任，日本指导官为藏本厚德。下设预审班、普通班、警备班、干部班、老残班、炊事班。干部班又包括审讯、教育、处理、卫生、生产五个科和办公、调查两个办公室。

第二训练部部长傅充间，日本指导官为岛田八百善。下设中等科、对日供出班（劳工大队）、技术班、妇女班。技术班又设缝纫、农园、窑工、铁木工、电工、理发等班。

第一训练部实际是原劳工教习所的机构，主要任务是接收和管理战俘，挑选青壮年在押人员作为劳工，送到第二训练部，由其对劳工进行强迫训练和对外输送。在此期间，在押战俘劳工经常保持在3 000—5 000人。洛阳战役后，由于国民党战俘1.3万人在短期内集中被送到石家庄，南兵营容纳不下，日军曾把东兵营（现在正东路和长征街交会处）也

· 115 ·

辟为战俘集中营，由日军华北特别警备队第二大队（代号甲字一四一七部队）管理。一些被俘被捕被抓的抗日军民在东兵营经短期羁押、审讯登记后，送往北平、塘沽、青岛战俘营，再转送到日本充作劳工。

另外，华北劳工协会石门办事处把从正定道各县抓来、骗来的无辜群众先集中关押在石家庄火车站西侧的八条胡同等地，再填表、登记、照相、编队，凑够100人后作为"行政供出"送往东北和日本。据办事处职员周文斌回忆，仅1944年，八条胡同就关押送出劳工七八百人。所以，要全面回顾石家庄的战俘营，除南兵营外，还应包括东兵营和八条胡同等地。

张子元打入石门劳工训练所时，曾带进去一部分地下工作者担任职员，有傅充闾、李兴卜、邓锡善、肖炳彬等人。为了开展劳工训练和输送工作，华北劳工协会要求张子元从原石门劳工教习所战俘管理人员中选一些人员作为劳工训练所的职员开展工作，并由华北劳工协会发给薪酬。于是，张子元利用副所长的职权，对原战俘管理人员进行考察鉴别，从战俘中挑选了一批立场坚定、斗争坚决的被俘党员和八路军干部，解除俘虏号码，担当教官、助教，协助管理战俘劳工。张子元考察原来的战俘管理干部们，战俘管理干部们也暗中观察着张子元。这其中就有一个叫王凤的战俘管理干部，他急切地想知道，这个新来的副所长，是真心实意投敌，还是在应付敌人？

王凤真名王润丰，牡丹江宁安县人，七七事变后参加革

七、改编劳工训练所

命,原是冀中十分区政治部宣传干事兼总务科油印股长。反"五一扫荡"时,他随分区部队由白洋淀向平汉路西转移,临进山区时,遭敌劫击,被俘后他没有暴露共产党员的政治面貌和真实身份,化名王凤,佯称十分区二十九团卫生队文书,尽管敌人严刑逼供,他都是久状不离原辞。

不久,他被送到石家庄战俘营,被分配到缝工班劳动。因他有些文化,又与同情八路军的朝鲜翻译金村的关系不错,受两位被俘八路的推荐,被金村指定为缝工班第八班长,后来又当上了缝工班总班长、干部班生产科科长,管理战俘营的缝工班、鞋工班、缝纫班。在带战俘劳工到日军衣粮厂干活时,他利用工作之便,秘密组织战俘劳工怠工、搞破坏,把敌人仓库的衣服鞋袜偷偷拿出来,送给没有衣服穿的同志。事前他为难友们通风报信,事后他替难友遮盖掩护。1943年,石家庄战俘营一批战俘劳工试验移入日本本土,他们在日本矿山与日本监工进行秘密斗争,组织暴动,日本查出暴动与石家庄战俘营翻译金村等人有关,日本特高科从日本九州追查到中国石家庄,在敌人抓捕翻译金村前,金村在办公室自杀,敌人也怀疑王凤,将其单独关押,但查不出证据,又将其释放回战俘劳工队。

地下工作者张子元当上劳工训练所副所长后,发现王凤表现不错,经日本人同意,将其解除俘房号码,提为助教,变成劳工训练所的准职员。一次战俘劳工出营到日本,张子元让他代拟一个送行讲话稿,王凤就冥思苦想、挖空心思写了一些套话空话,还用模棱两可的双关语含沙射影地讽刺日

· 117 ·

军。有的地方还巧用八路军的口号"后方多流一滴汗,前方少流一滴血",而后反问:"你们是多挖一锹煤,还是少挖一锹煤?"谁念这个讲话稿,谁是要担责任的,但张子元并没有躲躲闪闪,而是一字未改地照讲。

这件事后,劳工教习所的老战俘都认为张子元没有叛变,等张子元提出要把他们留用当职员时,他们都积极向其靠拢。先后被张子元解除俘虏身份的有张振和、王凤、黎平、张立本、魏国华、石宝昆、程清雅、米银庆、孙风岭、胡声、王小凯、于义生、池喜元、李宝生等,这些人在张子元的领导下,组成了秘密的地下工作小组,直接隶属王子兴领导,重点开展战俘集中营的斗争。

在地下党的领导下,他们背着"恶名",听着"骂声",默默地为党、国家和民族工作着。战俘营有不少没有暴露身份的共产党员和八路军干部。于是他们将保护和营救党员干部作为首要的工作。日伪机关经常到战俘营挑选人员。敌人要的是铁杆汉奸和对其忠诚的人,地下工作小组就趁机把立场坚定的党员干部选送出去,使他们早日脱离战俘营,为逃回根据地创造条件。日伪邯郸大众公司需要人员从事边区经济贸易,他们就分两批把冀中、冀南数十名干部送出去。一一零师团在洛阳作战时需要战地服务人员,他们就分两批送去党员、干部80多人。日军华北特别警备队要模仿八路军敌后武工队,组织袭击晋察冀和北方局的特别挺进队,他们就借机分3批选送了90多人,使八路军战俘控制了这支队伍的领导权,里应外合将队伍拉回太行根据地。战俘营有不定期释放老残病战俘的做法，张子元小组就把一些有病的党政干部年龄由小改大，病情由轻改重，瞒过日本管理人员送出去。

战俘营生活条件恶劣，战俘劳工死亡率很高，每当大批战俘进营时，流行病暴发，总有一段死亡高峰。张子元就利用劳训所副所长的身份，给日本人提建议，以保存人力、保护劳工的名义，改善战俘劳工生活条件和卫生环境，一度曾把水桶消毒改为喷散药水消毒。在有限的伙食标准下，尽量让战俘劳工吃上热汤热饭，使患病的劳工能得到一定治疗，对一些被俘的八路军干部给予照顾，使死亡率尽可能降低。特别是对挑出去当劳工的战俘，伙食标准都有一定提高，每人都可以配发一床被褥、两身衣服和一些生活用品，力争给战俘必要的物质保证。

4. 战俘营的情报战

战俘营人员多、流动快，来自不同地方、不同部门。过去日军就把战俘营作为情报来源地。张子元的地下工作小组成立后，也利用工作之便收集传递情报、绘制地图，配合根据地的武装斗争。张子元在日军谍报班时，就和王革非一起送出了不少重要情报，担任劳工训练所副所长后，利用同日伪上层人员接触多的有利条件，及时收集传送了不少情报。日军每次"大扫荡"前，华北方面军司令部的特务头子清水大佐总来石家庄收集情报，常常是先到战俘营，挑选战俘进行审问，了解"扫荡"地域的情况，同时抽取大批战俘成立

"兴亚队",为"扫荡"部队带路服务,去哪儿"扫荡",就要哪里的战俘;"扫荡"部队分几路,为其服务的战俘也分几路。于是,每次日军利用战俘搞情报时,地下工作小组也利用敌人审讯、挑选战俘的规律,收集中国抗战需要的情报,加上其他方面的核证,及时通过地下党,向晋察冀军区情报处进行汇报。日军在华北的几次大扫荡,张子元工作小组都提前向根据地做了通报。石家庄及华北日军的一些调动,他们也都及时做了报告。

这天下午,王子兴正在石津河渠工程处忙碌,突然交通员送信说张子元有事约见,晚上七点到中华饭庄共进晚餐。

中华饭庄位于朝阳路(现中山西路)东头路南,当时是朝阳路上比较豪华的饭庄,前来就餐的多是伪军、政、警、特的职员和有钱的买卖人。张子元到劳工训练所任职后,经常利用自己的合法身份,邀请石家庄伪政权的头面人物吃饭以联络感情。地下工作小组的其他成员也经常在此轮流请客,有时也请王子兴一同参加聚会。饭庄的掌柜和伙计们对他们也很熟。

不到七点,张子元就来到中华饭庄,同掌柜的交代了几句,要了个单间雅座,点了几个菜,摆上一壶酒,两套餐具,顺手从怀里掏出一张《石门日报》,边看边等。

听说张子元约定在中华饭庄共进晚餐,王子兴就知道他有要事相商。于是他准时来到饭庄。一进门伙计就打招呼:"王先生里面请,张先生正等您呢。"王子兴进屋落座,小伙计端上酒菜,伙计关门退下,两人便端起酒杯。

七、改编劳工训练所

小酌一口,王子兴便问:"有什么急事?"

张子元答道:"昨天从战俘营翻译那里了解了一个重要情况。日军为打通中国大陆的平汉线,增援东南亚作战,最近要调动华北的几支部队到河南、湖北一带作战。驻石日军一一零师团奉命调到洛阳作战,最近让战俘营为他们选一批熟悉河南地区的战俘,其中一批普通人员随军当挑夫,一批干部到政治机关帮助开展地方工作。这几天部队正在进行出发前的准备。"

王子兴听后急忙问道:"那石门的防务由哪个部队来接防?"

张子元又答:"听说交给新组建的独立步兵第二旅团接管,旅团长是服步直臣。"

"这个情况很重要,需要马上报告晋察冀军区领导。"

"还有一个情况,日军为了维持华北地区的治安,不久前成立了一支由宪兵和军队结合的部队——华北特别警备队,派驻石门的是第四大队,代号甲字一四一七部队,现住东兵营,主要活动范围是拒马河以南,石门以北,平汉路两侧。最近他们到战俘营挑选俘虏干部,准备成立一支特别挺进队,模仿我八路军武工队的形式,专门针对晋察冀机关开展工作,并要求收集有关北方局的情报……"

"这可不能让敌人的阴谋得逞,得想办法派咱们的人打进去。"

"这你放心,我已经安插了咱们的人。这是第一批,听说还要选两批扩大队伍,到时候一定设法让咱们的人掌握这支队伍。"

"对,要让这支队伍为我所用,我们也得给冀晋区的建屏武工队打个招呼,让他们有个准备。"

他俩边喝边聊,王子兴又把话题扯到战俘营:"战俘营的工作还顺当吗?"

张子元喝了一口酒,为难地说:"战俘营工作实在不好干,什么都由日本人说了算,中国人只不过是形式上的领导。管理战俘由日本军队负责,挑选劳工由劳工训练所的日本职员负责。我们不仅挡不住敌人运送劳工,还得帮他干不愿意干的具体事。"

"这是自然,你不为他干点事,他不让你当副所长。不当副所长,你怎么能了解到这些情报,又怎能设法营救被俘的同志。"

"别的好说,就是劳工暴动这个太麻烦,战俘们听说要到日本,都不愿意去,都想逃离战俘营,最近接连几次发生暴动逃跑事件,少数人出去了,多数人没出去。有的被抓回来后遭到杀害,脑袋还被挂起来示众。你说碰上这事我怎么办?我既无法帮助他们集体暴动,又无力阻止敌人杀害他们,我的心里真不是个味。"

"是啊,谁看到敌人杀害自己的同胞心里会不难受?只要你努力了,把心尽到就行了。地下工作毕竟不是两军对阵的战场,不能为眼前利害暴露身份。要站稳脚跟,长期作战,发挥更大的作用。在营救保护同志上要尽力而为,能救一个是一个,尽量把牺牲的损失降低到最低限度。"

七、改编劳工训练所

"也只能如此啦。"

他俩又谈了些别的情况,张子元结了账,两人便各自回家。

不久,日军发动的"一号作战"打响了。国民党40万大军与6万日军在中原激战。5月底洛阳战役结束后,国民党军队被俘数万,原驻石家庄的日军第一一零师团把战俘一列车一列车地从河南运到石家庄,两三个月就送来1.3万多人。劳工训练所所在的南兵营放不下,就押进一四一七部队的驻地东兵营,有的只进行短暂停留又转送到北平西苑战俘集中营。日军担心国民党军官带领士兵闹事,便把1 000多位营级以上的军官送到南京国民党党部进行教化。劳工训练所也加快了战俘的周转工作,有的战俘入营不到半个月就被编入劳工队送往日本。

不久,日方要劳工训练所派职员随掳日劳工赴日本考察劳工在日本的生活,张子元就安排王凤同另外两个职员一同前往,并让他调查日本的真实情况。从日本回来后,日本人要求王凤等人为日本强掳中国劳工做虚假宣传。王凤讲了一些日本工业发达、交通发达的套话,同时也揭示了日本人民消极悲观的一面,详细记录了在日本的见闻,向地下党和根据地作了详细汇报,为上级党组织了解日本国情社情提供了真实具体的资料。

王凤要求张子元送他回根据地,于是张子元请示了王子兴,同其直接见面,并传达了党中央关于城市工作的指示,要王凤留在战俘劳工集中营协助张子元开展工作。

5. 配合盟军飞机轰炸

为了彻底摧毁侵略者在石家庄的军事设施。1944年，盟军飞机准备来石家庄进行轰炸。晋察冀军区根据美军观察员的要求，让王子兴通过张子元的小组绘制石家庄的日军布防图，要求详细标注日军各大兵营、仓库、机场的详细位置。

接到任务，王子兴立即派遣有关人员布置调查，他和张子元、延宝珍也利用伪职员的身份，到敌人兵营、机关、军用仓库实地考察，先绘出草图，然后统交给王子兴精确计算，最后绘制正图。

绘图制图是王子兴的专业，又是他当时的业务，不论白天晚上、上班下班都可以干，有时日本职员见了也不知道他画的是什么图。他首先找来石家庄地图，在晒图纸上勾出轮廓，然后根据地下关系送来的草图画出精确位置，制成敌人的布防图，交给交通员送回根据地。

为应付敌人的检查，过去送情报时，他都是用毛笔蘸上米汤或碱水写好说明，有时夹在两层包装纸之间，包上点心，让交通员作为礼品糕点带出去。这次因有图纸，他就把图纸说明写在毛头纸上，中间盖上自刻的木制图章"步云斋鞋铺"字样，然后包一双布鞋带出市区，把图纸塞在鞋口前部，就是碰上敌人，不认真检查、不用密写办法处理也不知道这是情报。

情报送到根据地，很快送到盟军驻河南的漯河机场。不久美军飞机便对石家庄日军进行了两次轰炸和一次空战，给

七、改编劳工训练所

石家庄日军以沉重打击。

这天,王子兴正在柳辛庄工地施工,忽然听见飞机的声音,往南一看,石家庄上空飞来二三十架盟军飞机,有侦察机、战斗机、轰炸机,在石家庄上空转了几圈,开始轰炸。根据王子兴等人提供的地图,飞机对日军的几个兵营和火车站进行了轰炸。

狡猾的日军为了不让盟军飞机看清目标,在车站西侧的炼焦厂点燃沥青,制造烟雾,但盟军飞机还是炸毁了不少军事设施。飞机飞过,市内浓烟滚滚,有日本人制造的烟雾,也有燃烧的军用物资和房屋冒出的浓烟。王子兴正想了解盟军飞机轰炸的情况到底如何,忽然电话铃响了,原来驻石日军要建设总署派几个工程技术人员到飞机轰炸的现场丈量弹坑的直径和深度,从而分析盟军用的什么炸弹,有多大威力,以便进行反击。

于是王子兴和几个同事带着皮尺和工具,乘车进市来到火车站和日军兵营,在车站附近看见 80 多个四五米深的炸弹坑,坑内已冒出地下水,有的还有日军士兵被炸弹炸死的碎尸体和血迹。他对日军被炸感到非常高兴,但对因日军制造烟雾干扰,飞机对轰炸目标投弹不准,误炸市民和民房感到痛心。他突然想到,绘制地图为盟军轰炸提供目标的人,现在又奉命给日本人来测量调查飞机的轰炸结果。可谓滑稽可笑,真乃"成也萧何,败也萧何"。王子兴撰写的关于盟军飞机轰炸的调查报告在送往驻石日军司令部的同时,也送到了晋察冀军区情报处。

石家庄战俘营纪实

1945年春节前后，盟军先后出动飞机48架（次），对石家庄日军进行了轰炸和空战，摧毁了日军一批军事目标，击落击毁敌机10架，给驻石日军以沉重打击。石家庄战俘集中营的对日劳工输送也被迫断断续续、送送停停。

八、朝鲜翻译金村之死

金村是朝鲜人,全名叫金村克仁,面目清瘦,举止沉稳。他是在石家庄临时俘虏收容所扩建为石门劳工教习所时来到战俘营的。当时战俘营有3个朝鲜翻译,即金村、谷川、石川,金村的地位最高,对中国战俘态度最好。

1. 同情战俘的金翻译

金村的翻译水平很高,很受所长清水、主任波多野的赏识。凡是所部领导审问中国战俘,大多由他翻译。干部班审讯科审讯战俘时,他经常出场监听,但他很少讲话。虽然也是日本的雇员,但因为他是朝鲜人,熟悉中日朝三国语言,所以在战俘营的地位高于中国翻译和中国职员,有较多的自由和权力。劳工教习所的有关指令都由他向战俘管理机构下达,战俘的管理、训练、调配、输送,都由他通过战俘管理干部去实施。因而审讯科在审讯战俘、处理科在输送战俘时,都会征求和听取他的意见。

金村从不打骂战俘,遇到日军摧残战俘,他也很少在一旁助威,只是紧锁双眉、凝眸审视、默默不言。他曾同战俘谈心,说自己想学点马列主义思想,也告诫战俘们做事要小心点。战俘张守恒和难友在牢房里唱革命歌曲，金村听到后，就对他们说："注意点，日本人中有会说中国话的，叫他们听见可不行。"一天晚上，快熄灯了，男监室有两个战俘还在咒骂日寇缺德、凶恶，对战俘惨无人道，没想到被来查房的金村听到了，两个战俘瞬间吓到了。可金村好像什么也没听见，只是说："这么晚了，还在讲话，不怕犯规？快快睡吧。"两个战俘听了，心中涌起说不出的感激，连同屋的人也从担忧紧张中一下子轻松了。

平时，金村比较严肃，不苟言笑，但对战俘态度温和，好像有一种无言的理解和同情。战俘张守恒在战俘营患了回归热病，高烧41℃，昏迷不醒。金村知道后，就想方设法找医生、找药品，给张守恒治疗；难友王小凯也给他找水，帮他服药、端屎端尿。在金村和王小凯的关心照顾下，张守恒才逐渐好转。几十年后，当笔者访问张守恒时，他仍然怀念金村和王小凯，认为这件事永生难忘。

在挑选战俘管理干部时，金村内定的条件是共产党八路军的被俘干部。战俘入狱时，他从押送战俘的预审登记表中查看、寻找共产党八路军的被俘干部，先将其编入干部班，然后分到各科室担任科员，根据表现再提拔为副科长、科长、副总班长、总班长。战俘流动较快，每期劳工队都会挑选干部担任劳工队队长和副队长。而这些干部临走前，都要推荐新的科长和总班长，所以石家庄战俘营的战俘管理干部基本都是共产党八路军的被俘人员。

韩登岸（韩萍），河北馆陶人，原是冀南一分区司令部译电员；邱祖明（邱伟），山东聊城人，原是冀南一分区司令部侦察参谋。他俩都是1942年1月在河北大名反扫荡作战时被俘后送到石家庄战俘营的。他们入狱后，金村翻译曾对八路军被俘干部进行了一次文化测验，题目都是比较简单的语文算术题。因为他们都有点文化，所以韩登岸被选到警备班，邱祖明被选到干部班处理科。战俘营有释放老弱病残战俘的规定，也有让战俘管理干部放还归农的规定，金村利用这一政策，释放了许多共产党八路军干部。警备班原总班长离营放归时，金村就指名韩登岸担任这一职务，并让他到普通班挑选一批青年组成保卫班，准备为警备班输送队员。挑选时，金村明确指出只挑八路军的，老百姓也可以，原是伪军警察的一个也不要。于是，当警备班的老队员随劳工队被送走后，韩登岸训练的保卫班又补充到警备班。警备班经常保持在五六十人的规模，大多数都是年轻的八路军战士。由于韩登岸与金村的特殊关系，在战俘营押了不到一年，他就被金村批准放归家乡了。而邱祖明先在处理科当科员，后任科长，1942年5月后参加了被俘党员的秘密组织"共产党同情小组""六月特支"，为保护党的领导干部做了一些工作。一次，金村同邱祖明聊天时，问其家中有什么人，邱祖明说还有一个老母亲，于是金村让其给家里写信，其母因此从山东济南来看望儿子。金村以邱祖明"关押时间较长，家在日本占领区，狱中表现好，家里有人来接"为理由，把他也释放了。

有一次，战俘干部王铭三找一个被俘的群众谈话，了解到这个人原本是织布的,带着一家人在村里织布。日本人进村扫荡抓共产党,误把"织布"当"支部",说他负责织布就是"支部书记",屈打成招,把一个老实巴交的农民当成共产党干部抓进来。王铭三把这件事告诉了金村,金村简单地问了几句,便按一般群众对这个人进行了安置处理。

金村一向反对虐待战俘。他认为,按照国际惯例,战俘放下武器,就该给予其人道主义待遇。他反对对战俘滥用酷刑,曾公开对审讯科的人说:"对战俘使用重刑,固然能使他们讲出真实身份和提供一些情报,但也会像中国人讲的'屈打成招',乱说、胡说,制造一些假象,对皇军没用。根据物极必反的规律,对战俘压迫愈深,愈会遭到反抗。即便是一时害怕,一时屈服了,但他心中有仇恨,一遇适当时机就会爆发出来。"所以他主张对战俘采取安抚政策,以征服人心,巩固统治。

一些战俘干部担心他的安全,曾对他说:"你的这些观点,不怕清水和波多野知道吗?"他淡淡一笑:"清水理解我,我说的和做的一切,都是维护皇军的利益和声誉。"其实,他的这些观点,清水和波多野虽不大赞成,但也觉得有些道理,是一种策略,他们从没有怀疑过金村对日本的忠诚。

2. 掩护女战俘

石家庄战俘营设立了妇女班,经常有女战俘被押进来、送出去,多时几十人,少时十几人。日本兵对她们看押较严。

八、朝鲜翻译金村之死

一天晚上,还没到熄灯时间,战俘管理干部指导员王铭三找新入营的女战俘赵玉英、王枫,在战俘管理干部办公室谈心,并介绍战俘营的情况。在院中巡逻的两个日本兵看到了,不问青红皂白便狠狠地打了王铭三一个耳光,还骂他们"八格牙鲁""良心大大的坏了",并用刺刀逼着,把他们三人押到日军宿舍的一个空房间,叫来劳工教习所办公室主任波多野和翻译金村。波多野一进屋便瞪着凶狠的眼睛大声嚎叫,嚎了一阵,金村翻译说:"主任说了所内有规定,俘虏不能神秘交谈和集会。为什么这么晚了你们三人还聚在一起,搞什么阴谋?是不是王铭三想拐骗你们逃跑?"

波多野两眼死盯着王铭三。为了保护这位未脱稚气的年轻战士,赵玉英随机应变说道:"是我想家了,想叫王枫帮我写封家信,可我们没有纸和笔,我俩才悄悄到了办公室,想找纸和笔,谁知让他碰到了。"又指着王铭三说:"他一进来,就骂我们不守规矩,结果被你们的大兵听见了,就把我们带到这里。"

王枫也接过话茬说:"是这样的,赵玉英不会写信,让我替他写。谁知碰上王铭三这小子,他无缘无故地骂了我们一顿,真不是东西。"没等金村翻译完,她又接着说:"要说他拐我逃跑,哪能呢。看我这身子,能跑得动吗?再说我们也不会轻信他呀!"

听了王枫最后这句话,波多野一愣,也意识到自己说得不妥,便把怒气转向了两个女战俘:"住口!你们知不知道这里不准和家里联系,再说你家在匪区,写信能收到吗?你

· 131 ·

们晚上私自走出牢房，犯了所规，要惩罚你们。"

赵玉英和王枫低头不语，波多野转向王铭三想说什么，王铭三却抢先说道："中尉您忘了，我是所里的'指导员'，有权说她们。我看她俩离开牢房，就跟踪她们到了办公室。正要审问她们，皇军就来了，打了我还不算，又把我们送到这里，这完全是场误会。"

波多野并不轻信，对站在一旁的日本兵哇里哇啦问了几句，然后转向王铭三，接连打了他五六个耳光。鲜血顺着嘴角流下来，王铭三仍直挺挺地站在那里，一动也不动，像是很恭顺，又像是默默地反抗。波多野看着王铭三冷漠的脸，心里更加恼怒，拿起日本兵的皮鞭狠狠地朝他抽了几下。

金村趁波多野喘息之际，在他耳边用日语嘀咕了几句，现场的气氛瞬间发生了变化。波多野放下鞭子，脸色也变得温和起来，竟然还对王铭三说了一句："你的，好样的。"便转过身对着王枫，看着她挺着大肚子，迟疑了一会，突然扭过身子，在赵玉英身上狠狠地抽了两鞭，并气急败坏地说："把她们押回牢房，明天一天不给饭吃。"

王枫一时情急，用广东话骂了一句："畜生，你不得好死！"赵玉英、王铭三都认为她的这句话可能要惹大祸，只见金村用日语讲了些什么，波多野不但没生气，还温和地点了点头。很明显，金村并没有把王枫的话如实地翻译给波多野。金村眼里隐藏着一种难以言语的情感，王铭三明显地流露出感激的目光。赵玉英和王枫由此对这个朝鲜翻译增加了了解和信任感。后来王枫生孩子时，金村也给日本管理人员做了些工作，使王枫到战俘营外边的医院安全分娩。

3. 惩治色魔小饭沼

第二次世界大战时期，德、意、日法西斯管辖的战俘营都曾多次发生对女战俘猥亵、强奸的事件，石家庄战俘营也不例外。一一零师团刚进石家庄时，师团长名叫饭沼守，因而人们称其"饭沼师团"。在南兵营有个管理伙食的下士班长也姓饭沼，人们叫他"小饭沼"。此人就是一个色胆包天的坏蛋，经常打女战俘的主意，总是不得手。这天，他看见一个年轻漂亮的女战俘，便借口训话将其叫到一个房间，意欲强奸。无奈这个女战俘不从，于是小饭沼举着洋刀，逼着女战俘脱衣服，两人一个跑一个追，正在屋里转着跑时，王铭三推门进了屋子，故意把他冲撞了。小饭沼见有战俘管理干部进来，不得不停止追赶。眼看就要到手的女人跑了，小饭沼又生气又无奈，只好气呼呼地走了。然而，他对王铭三却怀恨在心，总想寻机报复。

第二天，王铭三和赵玉英在院里商议如何把女难友组织起来，怎样不被敌人欺侮，又能寻找机会归队。不巧，头天强奸女战俘未能得逞的小饭沼路过，王铭三立刻低下头装没看见。

小饭沼便怒气冲冲地说："习（指）导员，你的过来，为什么克（敬）礼没有？"

王铭三说："米路米路的没有，克礼克礼的没有。"（没有看见，所以没有敬礼）小饭沼听后，打了王铭三两巴掌。

年轻气盛的王铭三也不客气,回手还了小饭沼两拳。远处的日本兵看见了,便跑过来四个日本兵把王铭三的胳膊拧住,一边走一边打,还用烟头烧他的脖子。他们把王铭三弄到卫兵室后,将细皮条拧成麻花状,蘸水抽打王铭三。王铭三坚持说自己没看见小饭沼。

日本兵又把赵玉英叫来问:"为啥不敬礼?"

王铭三怕赵玉英说出别的理由,就大声喊:"没看见。"

日本兵抓住赵玉英的头发狠扯,赵玉英也很硬,直说没看见。王铭三心想,自己惹的祸不能让赵玉英受罪,就上前护住她:"我的干活,和她没关系。"日本兵就用铁棍在王铭三的腿上、腰上乱打。开始打时还觉得疼,后来也许是麻木了,不感觉疼了,王铭三心里还想着"这忠臣还有神人保驾哩"。

敌人越打,王铭三越硬,顶得越欢,日本兵气得拔出战刀:"你的,死了死了的行不行?"

王铭三心想,我们八路军、共产党是钢筋铁骨,视死如归,便高声地喊:"王铭三死了死了的没关系,中国人大大的有。"

日本兵下不了台,抡刀向王铭三砍去,用刀背在王铭三肩上、腰间砍了几下。王铭三被打倒了,站不起来,小饭沼命令几个日本兵把王铭三架出屋子扔到院里。难友们把王铭三背了回去。后来,翻译金村来看王铭三时,王铭三向其介绍了小饭沼的报复,并自嘲地说:"做亡国奴的味道不比做牛马好!"

金村没有生气,还安慰王铭三好好养伤:"我们朝鲜有劳动党,我兄长就在游击队,我来这里也是有任务的。"并说一定想办法替王铭三报这个仇。

就在此时,妇女班发生了"小洋马"遭强奸、变疯、失踪的事。据说"小洋马"是小饭沼派中国翻译丁义敬叫出去的。

于是,金村写了份辞职书交给清水,清水问:"为什么辞职?"

他说:"我丢人丢得不能干了。"

清水问:"丢什么人?"

他说:"太君讲话,我的翻译,说大日本皇军如何人道、王道乐土,可是俘虏营里又是打人的,又是强奸的,太丢人了。"

清水问:"谁的干活?"

金村说:"小饭沼的干活。"并把"小洋马"失踪的事详细做了汇报。

日军既有其烧杀抢掠的凶残的一面,又有其冠冕堂皇、掩人耳目虚伪的一面。所以,清水非常生气,为整顿军纪,当即叫去小饭沼狠打了一顿,将其送到前线作战部队去了。其实三宅才是这几次强奸女战俘的恶棍和主犯,但因清水不在时他就是这个人间地狱的阎王爷,战俘劳工不了解内幕,日伪管理人员又没有人敢把他的事直接告诉清水,所以让小饭沼当了他的替罪羊,不过从此三宅也有所收敛,不像以前那样明目张胆地奸污女战俘了。

三宅看金村没有在清水面前揭露他,对金村更加信任,也接受金村的建议,不再追究因"小洋马"失踪而闹事的战俘。

几天后,金村又来找王铭三,说已经替他报了仇。王铭三询问缘由,金村介绍了经过。王铭三露出了感激的微笑,金村的事迹也在战俘干部中传颂着。

4. 保护无辜民众

除了在战俘营、小监狱担任翻译外,金村还经常接受日军驻石司令部情报部的任务,在郊区进行清剿搜捕活动。1942年农历八月三十,日军到正定县韩通村捉拿中共党员张明显,金村被临时安排担任翻译。

天亮时,日军将韩通村包围后,日本军官便命令伪保长集合全村人到十字街训话。每甲为一单位排成一队,甲长在本队前站立。第十甲的甲长张老佐也站在队前。训话后,日本军官命令金村把第十甲甲长叫到前边进行审问。

金村问:"你们甲的张明显来了没有?"

张老佐答:"没有"。

"他到哪里去了?"

"这么几年,我都没有见过他,不知道他往哪里去了。"

又问:"他家里人来了没有?"

"他家里人也没来。"

日本军官便命金村带上几个日本兵协同第一保保长到张明显家搜查。结果,没有查到一个人,金村回来汇报后,日本军官大发雷霆,随命几个日本兵对张老佐进行殴打。偏巧两个日本兵用力太大,枪托碰地上,把两支三八枪都折断了,日本军官怒气无处发泄,便命令日本兵用刺刀将张老佐刺死。金翻译插言道:"太君,你看老百姓们都跪下求情,说明这老头是个好人。如在这里杀死,咱们大日本在老百姓心目中会失去共存共荣的威信。如太君一定要杀,不如交给我,我边走边审问他。如果他说不出张明显的下落来,出村后我就把他砍死在村外。一则保住皇军在老百姓中的威信,二则遮住了老百姓的耳目。"

日本军官点头同意,随即日本兵便整队出村。金翻译便和张老佐并肩跟在队伍后边,边走边说。

金村说:"你这个老头太老实,我已调查了,张明显的小兄弟张明星不是就在你们的队伍里站着吗?你怎么说没他家的人?"

张老佐哭着说:"那孩子还小,正在念书,我说出他来,他必是一死,可惜了的。我这么大年纪,死了也不可惜了。"

这时已走出村北口,金翻译小声说:"老头,你不要哭了,我知道你是个好人,我今天决不真杀你,现在咱们就往西边那块闲地走,你走慢点,我也走慢点,到那块闲地后,你一跪,我用刀背一砍,你就爬下不要动,等我们走得看不见了,你再起来回家。"

张老佐:"翻译官,这么说,你也是个大好人。你今天真若是这么说、这么做,我一定告诉子孙后人,什么时候也不能忘掉你的救命之恩。"

金村翻译确实是这么做了。当日本人走得看不见时,张老佐的全家人哭着,乡亲们抬着床板来收尸,还没走到死尸跟前,张老佐便赶紧站起来,颤抖着说:"不要哭,不要哭,我没有死!"接着,就把金翻译怎么说、怎么做的经过向大家讲了一遍。大家听了纷纷称赞:"这个翻译真是个大好人。"

事隔5天,传统的7天庙会正处于热闹中期,南兵营的日本军官又派宪兵队在这天夜里到张明显家搜查,结果没有捉住张明显,把他的二弟张德连捉走了。张德连本是个庄稼汉,没有上过学,只会干地里活,虽经过几次灌凉水和严刑拷打,他只是说:"我每天都在地里干活,我哥哥两三年都不在家,我不知道他干什么去了!"

一天拷打完毕,金翻译找他谈话:"张德连,你认识我吗?"张德连说:"每次审问我,你都在跟前,我怎能不认识呢!"金翻译说:"我不是日本人,我是朝鲜人。你不要怕,我正在想法把你放出去。"张德连说:"用刀背砍我们甲长张老佐的是你吗?"金翻译说:"是。他怎么样了?"张德连说:"没事,第二天他就到地里干活去了。翻译官,你真是个大好人。"金翻译笑了笑走了,时隔不长,张德连就被释放回家了。

5. 处理断粮罢工

米雪尘,又名米银庆,河北宁晋县人。1934年参加革命,后加入共产党。先后从事兵运、农运工作,1942年9月,他于日军的冀南"扫荡"中被叛徒出卖,在宁晋大曹庄被捕。被日军囚进木笼刑讯逼供3个月后,1942年底被押往石家庄南兵营,编入干部班。他参加过一些反抗斗争,也同金村翻译有了一些接触。

在战俘营,日本给战俘提供的粮、煤都是量少质次,炊事班在烧不开水、焖不熟饭时,不是往灶火内撒食盐,就是撒粮食；再赶不上时，就寻找点树枝碎木料等易燃物助火。一次，不知怎么回事，竟把日本兵晾晒被褥衣物的木桩填到灶膛里烧火做饭了。这下激怒了日军的主计（主管财会事务的），亲自动手把盛贮战俘食粮的库房门用板子封闭钉死，断然拒发战俘的口粮。头天，伙房未领到粮食，第二天早晨就无米下锅，只好停火静等。负责值日管理伙食的战俘干部听到伙房监督告知后，感到情况严重，不知如何是好。等干部班得知后，早饭时间已过。战俘们拿着碗筷走出屋子，满园子都是人，大家东走走，西转转，没精打采，四处打探，想知道到底发生了什么事。干部班的米雪尘和石宝昆分析着情况，商讨着措施。他们认为日本主计是想给战俘点颜色看看，威吓战俘对其俯首帖耳；但他不应因个别人的错误而惩罚全营几千战俘啊！如果听之任之受之，或派人向他求情，只会助长军国主义分子凶恶、骄横的气焰。于是，他们决心表现一下中国人应有的态度。干部班向战俘们解释了情况，并号召大家共同做到：日本人不给口粮，就不参加任何劳动和活动。于是大家各回各屋静卧罢工，抗拒断粮。平时该打扫卫生的，没人领着扫了；缝工班里，无人带着进工场了；农园中，无人领着下地了；派到战俘营外干活的，干部班、保卫班也没人管了。一时间，消息传遍全营，战俘管理机构瘫痪了，工作停止运转了。

金村有家室在战俘营外居住，没有大事他不常到战俘营。这天上午过了许久，他才到战俘营。一看院内静悄悄的，不见任何人影，就跑到干部班探寻究竟。他叫开门，唤醒人们，询问事情的缘由。米雪尘、石宝昆等人就把事发的原因和干部班的处置向金村做了汇报。金村没有埋怨战俘干部，也没有训斥罢工的战俘，二话没说就立即返回日军住宿和办公的前院，向主持战俘营工作的日军队长反映了战俘断粮、静卧罢工的情况，并找查封战俘仓库的主计交涉。经金村翻译的据理力争，这个主计也担心事情闹大后上级追查他的责任，加上日军队长施压，他不得不打开仓库，如数发给战俘食堂全日口粮。战俘劳工的静卧罢工胜利了，食堂领到粮食就马上开始做饭。事后，日军小队长和主计也没有再追究战俘烧木桩和静卧罢工的责任。干部班、警卫班几个当事人从心里默默地感激着金村，若不是他对战俘干部的暗中保护，这次静卧罢工可能会遭到日军的镇压。

6. 金村的两次宴请

1943年春节的一天，总班长突然通知米雪尘到东边院子里最南的一栋房子里去。由于初来乍到，对里边的情况一无所知，他只好跟着别人去了那栋房子。房子里冷冰冰的，大家都沉默不语，坐在木板炕上等待着。不一会儿，金村翻译手提几瓶酒、几样菜笑容满面地从外面走进来，说是请大家吃喝，享受一下过年的欢乐。对金翻译的好意，大家默默地领受了，谁也没有做出过多的表示，金翻译也没有发什么议论，正可谓"满怀心腹话，尽在不言中"。也就是这次聚会，米雪尘认识了金村翻译，此后建立了良好的个人关系，米雪尘也被留在了战俘营。

八、朝鲜翻译金村之死

1943年末,米雪尘由处理科转到农建科。一天,金村翻译把干部班的20多人召集到米雪尘的屋子里,让人们关住门,挤在两边的炕上,分享他带来的白面馒头。馒头装在一个大皮提箱里面,正当大家津津有味地吃着白面馒头时,突然"哗啦"一声房门被拉开了,大家向门口望去,只见负责警备的日本小个子中士班长凶神般地站在门口。大家的心一下子提到嗓子眼里,拿馒头的手也不敢动了,两眼发直地瞅着日本班长的脸,都为金村翻译捏着一把汗。

这时,金村走上前去与日本兵交谈起来,战俘干部们好似木偶一样地往一块挤得更紧了。由于不懂日语,大家像听天书一般,对他们交谈的内容完全不明白,不过金村的脸上还是流露出一些尴尬之情。金村一直不停地讲述着,日本班长的脸渐渐有所缓解,两手斜插在裤兜儿直立在门口,既不入内,也不外退;两眼仰视,既不直盯战俘干部,也不放松警惕,偶尔向战俘干部们微睨一下,显得傲慢与冷酷。在这种氛围中,战俘干部们并不担心自己的命运,反正都是被看管的战俘劳工,吃几个馒头也没有什么了不起。大家最担心的还是金村,生怕他会遭到什么不测。朝鲜人给日本人当翻译是没有军籍的。从国家来说,朝鲜是日本的殖民地,朝鲜人也是亡国奴。在日本人眼里,他们不过是二等公民,只是处境比中国人稍好一些罢了。大家都忐忑不安地关注着事态的发展,出乎意料的是,不知道金村跟日本班长讲了些什么,对方竟然默默地退走了。从日本班长的脸上既看不到欢颜之意,也看不出有什么不悦,大家悬着的心总算放下来了。金村翻译好像什么也没有发生一样回到屋里，恰在这时，晚点名号吹响了，大家随即散去。

7. 办公室的枪声

此事发生后不久，就迎来了1944年元旦，劳工教习所改组成劳工训练所。华北劳工协会进驻石家庄南兵营，新来的副所长张子元从原来劳工教习所的战俘干部中挑选了一批，作为准职员继续留在战俘营工作。米雪尘也被选为助教，同时参加了战俘营地下工作小组的活动。劳工协会进驻后带来了自己的翻译，原来的朝鲜翻译没有离开，继续为看守战俘营的日本兵服务。

天气渐渐变热，一天午休后，金村翻译带着手枪转遍了干部班和警备班，见人就说"以后见不到面了"，别的什么也不说。人们感到莫名其妙，以为他要调走了，有些人便跟着他。最后他走到处理科，刚坐下还没说话，松冈翻译也来此找他。

松冈翻译有气无力，但神情有些紧张，他们两人用朝鲜语交谈着，在场的米雪尘听不懂。松冈翻译在交谈时一直比较冷静，而金村翻译的情绪则比较激动，说话的语速也越来越快，声音也越来越高，最后站起身来，从屁股后边的枪套里拽出了短枪，"啪"的一下拍到桌子上。他想说什么，却没有说出来，又从桌子上拿起手枪，拔脚走出了屋。松冈翻译轻轻地摇了摇头，叹了口气，显得无可奈何。

就在金村走后没几分钟，前院日军和翻译住的那排房子里忽然传来一声枪响,松冈翻译震动了一下,二话没说,急忙向前院跑去。这时,日本兵荷枪实弹把院子警戒起来,用绳子把前后院隔开,所有俘虏一律限制在绳子以外,只许日本人入内。

战俘营的空气顿时变得紧张起来,谁也不知道究竟发生了什么事情,隔着绳子只能远远地看到日本人忙进忙出,好大一阵子才平静下来。到天黑的时候,从警保班值班员那边透出话来,说金村翻译自杀了,是在他自己的屋子里用自己的手枪自杀的。听到这一消息,战俘营一下沉寂起来,特别是干部班、警保班的人员,同金村接触得比较多,又不知道他自杀的原因,大家都为金村而惋惜,同时也担心祸及自己。人们都闷在自己屋里,谁也不串屋,晚上吹号就睡觉,每个人都提心吊胆,不知还会发生什么变故。特别是吃过金村酒食的俘虏干部们,每个人都在自责和内疚,深感对不起他。

金村翻译自杀后不久,干部班的黎平、冯连义、赵育才被日本人叫走了,为何叫走,叫到何处?无人知晓。日本人的这一举动,更增加了战俘营内的恐怖感,后来他们几人被放了回来,大家才渐渐平静下来。

金村翻译为何自杀,传说是因为送往日本的战俘劳工出了问题。1943年,日军从石家庄战俘营和华北劳工协会石门办事处向日本福冈的三井田川矿和日铁二濑矿试验移入了一批战俘劳工。其中一个领队的大队长是冀西八路军一个骑兵连长,名叫臧祝三,此人与金村关系不错,他们去日本前,金村曾向其赠送了一个笔记本,并且签了名。这些劳工到日本后，不堪日寇的虐待和奴役，进行了多次反抗斗争，强掳到二濑矿业所的中国劳工憎恨欺压劳工的日本监工"指导员"木户君广，在井下干活时，偷偷把"头灯"用的液氢氧化钾（瓦斯液体）倒入其携带的饮水竹筒中，被木户君广发现了。木户没有声张，却向上报告，当地的饭冢警察特高课暗中调查，把涉案的16名中国劳工关进监狱一年多，把有牵连的劳工全部押送到条件艰苦的北海道服苦役。在审理案件时，日本人发现了金村翻译给赴日劳工签名的笔记本，认为朝鲜翻译和这些闹事的中国战俘是一伙的。于是日本宪兵从日本追查到中国，魔爪伸到了石家庄战俘营，挖根追到金村头上。据说金村曾坐过日本的监狱，深知日本人的残酷无情，为了不受酷刑的折磨，他拒绝与日军合作破案，选择了自杀，以死向日寇发出抗议。

金村从1941年夏天被日军派到石家庄战俘营，到1944年春天选择自杀，三年间，他作为亡国的朝鲜人在日军服役，为侵略者做了些服务工作，但他也利用做翻译的机会，保护和营救了一大批共产党八路军战俘。金村亲自选拔任命了许多战俘干部在战俘营和劳工队担任总班长、科长、大小队长，为他们早日离开战俘营返回部队和家乡创造了条件。这些人得救了，金村却死了，他是为中国战俘而死的，他是以另一种形式进行抗日的。他以死抗争，断绝了日军的破案线索，也免去一批战俘干部的灾难。几十年以后，那些在战俘营受过金村关照的战俘们，一提起他，都赞不绝口和为之惋惜，人们将永远记住这位有正义感的朝鲜人。

九、此起彼伏的暴动

是火山总要爆发，是大海总要咆哮。越是迫近死亡的人，越渴望生存；越是压迫沉重的地方，反抗也越强烈。在石家庄战俘集中营里，不管你是共产党，还是国民党，或是"新民会"；不管你是八路军，还是中央军，或是皇协军；不管你是被俘的，还是被捕的，或是被抓的，只要进了战俘营，都是战俘待遇，都是只呼号码，不喊姓名，人的尊严被剥夺了，生的希望渺茫了。看到自己的难友一批批被送到煤矿，看到自己的同胞一个个被夺去生命，谁能麻木不仁，谁能无动于衷，谁不想逃出这鬼门关，谁不想离开这阎王殿！因此，战俘们在不断地反抗和斗争着，千方百计地想逃离战俘营。于是，战俘营中曾发生过单枪匹马的外逃、十几个人的集体越狱和数百人的暴动。

1. 逃跑越狱的备忘录

为了欺骗战俘劳工，为了欺骗社会舆论，从1941年开始，日军把送战俘劳工到煤矿称作"毕业"，每批劳工出战俘营时，所部要召开劳工大队干部座谈会，全体劳工要召开"毕业典礼"。劳工上火车时，前面由军乐队开道，后面有警

图22 日本民间团体到石家庄战俘营调查考证（何天义研究室拍摄）

备班和日本兵护送，好像劳工到煤矿是心甘情愿的，是劳工教习所教化的成绩，是大日本帝国的功绩。然而假的总是假的，伪装并不能持久。日伪管理人员总想把战俘劳工的"毕业仪式"办得隆重点，而战俘劳工却借机逃跑，把日军弄得很尴尬、很狼狈。

1942年的秋天就出现过这种情况。一个劳工队要"毕业"出营，送往外地去做工。日伪管理人员经过严密组织，"毕业典礼"的座谈会、群众大会按计划一项项进行，战俘劳工穿着新发的衣服，背着简单的行李，排着队出了营房，向火车站走去。军乐队在前面开路，警备班在后面欢送，路旁的群众惊讶地望着这支不伦不类的队伍，跟在后面的战俘营指挥官正在扬扬得意，沾沾自喜，突然几个战俘劳工扔下行李，钻进人群，押送的日本兵和警备班一看有人逃跑，立

九、此起彼伏的暴动

即跑步追赶。霎时间，劳工队伍乱了，军乐队不响了，敌人鸣枪警告，开枪镇压，大街上战俘劳工和旁观群众大呼小叫，东躲西藏，乱成一片。隆重的欢送仪式乱了阵，"喜庆"的场面成了一锅粥。当然，战俘劳工逃跑的希望是较小的，结果只能是个别人侥幸逃离，多数人被俘抓回，有的被杀害，有的再次被送走。但劳工在押送途中的逃跑行为始终没有停止。有的乘坐客车时，用棉衣包着头撞坏玻璃逃跑；有的乘闷罐车时，趁途中换车头或加水送饭开门时跳车逃跑。

1943年7月，冀中六分区除奸科长岳云章和六分区的10余名被俘人员经过周密勘察和长期准备，从去菜园的门口逃到农园，然后从农园翻墙逃离战俘营。跑在最后的岳云章在郊区被抓住后送回战俘营，敌人对他一顿酷刑审讯后，将他押进战俘营地牢。遭毒打的岳云章伤势很重，宁死不屈，在地牢里发现别人带进去的一把理发刀，便用刀划破肚皮以死抗议，幸被难友发现，才抬出地牢进行抢救，后被张子元地下工作小组按病残人员予以释放。

1943年秋末，平汉铁路邯郸地区的一批穿制服的伪铁路警察约四五十人被送到战俘营。看见战俘营的恶劣环境，想到自己未来的命运，刚到第二天晚上，他们便从大门往外冲，却被日本兵打回来，随即奔回农园的门口，结果有的被电网电死，有的掉在沟内被打死。

1943年9月，警备班郭韧、郭凯等十余人利用站岗的便利条件，进行越狱准备。每人准备了一身便衣和几元伪钞，还准备了尖刀铁棍作为武器。趁天刚黑，日本兵还未上岗

· 147 ·

时,他们在日军巡逻的空隙,从战俘营东北角先钻出铁丝网,然后你推他拉,相互帮着翻过战俘营的大沟,逃离了战俘营。只有炊事班班长老王因为走得较晚,被巡逻的日本兵抓住,痛打一顿后押进地牢。

1944年秋,警备班四个队员押着几十名劳工,在战俘营大沟南边农园的烧砖场做砖坯或装窑烧砖。该收工了,却因为活没有干完而不让劳工收工,警备班却有两人先回去换班吃饭。战俘劳工们便趁黄昏开饭时间警卫放松的时机,带着干活的工具跳出农园,逃离战俘营,只有一个人被抓回来杀害了。

1944年10月,审讯科的李景林有个老乡在中等科当文书,因刻写钢板、印材料的工作需要经常到外面去,每次外出时,劳工训练所办公室都会给他发个门监(出门证),用以出入营门。一次,他在回所时未交出门监,办公室也没发觉,李景林知道后,就同他商量一块儿逃跑。李景林先让这位老乡用新开的门监出去等着,而李景林用旧门监出门时,警卫发现门监编号同李景林胸前的战俘编号不一样,便扣住了他。后来,李景林不幸被日本练成室主事丁奇、指导官岛田杀死在战俘营东北角。

1945年3月,盟军飞机开始轰炸石家庄,战俘营日军的管理开始松懈。由普通班刚调到警备班当班长的王小凯便和难友郑根栓、王占熬经过事前准备,以给教官伙房买调料、酒的名义,分散出了大门,然后到约定的店里脱掉战俘营的衣服,换上便衣。刚走到街上,就听见市内拉响了防空警报,盟军的飞机可能会来轰炸。街道市民为躲飞机都往郊区跑,他们就夹在人群中越过市周的封锁沟,逃离石家庄,回到根据地。

要说越狱逃跑,警备班的战俘比普通班的战俘机会多,而警备班干部的机会就可能更多。被地下工作小组负责人张子元由警备班总班长提为警备班助教的马洪仁,自从到了警备班就一直琢磨着如何越狱。1945年6月,他利用警卫班经常配合日本兵执行警戒任务、同日本兵较熟的便利条件,借口外出办事而请假,得到日方批准。经过事前准备,他带领警备班一行13人,排着队到了门口,同站岗的门卫接洽后,验过出门证,很顺利地出了大门。接着又按原来的侦察,在一个不太引人注意的地方,翻过护市封锁沟,离开石家庄,回到了根据地。这种列队出门、逃离战俘营的行动是第一次,也是最后一次,因为他们没有回来,战俘营不再让战俘出门活动。这种机会并不是每个人都有,对于广大战俘劳工而言,只有很少的希望暴动越狱。

2. 首次冲杀——"二月暴动"

1943年以前,石家庄战俘营主要是往国内输送劳工,劳工们认为,只要出去就有逃跑的机会。况且,战俘营里的"六月特支"控制了一批伪管理人员,对一些共产党八路军的干部能给予一定的保护,或用不同的形式把他们送出战俘营,给其逃回根据地创造了条件,所以战俘营没有组织过大的暴动。1943年下半年,战俘营开始试验性地往日本移送劳

石家庄战俘营纪实

工，1944年正式大批地对日输送劳工。战俘劳工们认为，送往日本后逃回来的可能性几乎没有，与其死在日本，还不如在战俘营一拼。于是，战俘劳工中开始酝酿着暴动越狱。而最早进行暴动的是滏西大队的一些抗日战士，这里不妨听听暴动逃出去的劳工张喜来的回忆：

> 我是1944年旧历正月初在尧城镇被日军俘虏的，当时我们是滏西大队，被俘的共有40多名战士，日本兵用两辆汽车把我们载到内邱火车站，我们上了闷罐车到了石家庄。一进战俘营，就叫（我们）把衣服全部脱下消毒，之后给换上很破的旧棉衣，穿的鞋连后跟都没有，每天叫吃两半茶缸高粱米，也不叫喝水，生活非常苦。每天病死、饿死、打死的就有很多人，每天都往外拉四五排子车死人，就像装高粱秆子一样装在车上。劳工们还得被抽血，一抽就有被抽死的可能。看到这些情况，我们觉得如果这样下去反正是没法活，只有死，到了日本就更回不了家，在这里也得被折磨死，所以我们几个人就商量着逃跑，反正比死在这里强。商量了几天，我们看见战俘营里边守卫森严，很难逃掉。有电网，有深沟，有高墙，门上有日本兵站岗，每天夜里鬼子兵来我们住的房子里检查一次，谁要动一动，就得挨上几棒子，我们谁也不敢动。睡觉的床上，光光的什么也没有，屋里南北是两排床。我们商量着，如果鬼子再来检查，要是鬼子脸朝西的话，就由北边床上的几个人

九、此起彼伏的暴动

负责打死；要是鬼子面朝东的话，就由南边床上的几个人负责打死。我们共在战俘营待了五六天时间，后来就决定在一天夜里暴动越狱逃跑，我们只找到一根木棍子，有五六尺长，每人从屋里的地上扒几块砖作为武器。这天夜里，我们从正门往外冲，冲到铁栅栏门口时，有几个日本兵拿枪打，我们就用砖头同日本兵打起来，边打边往外冲，把日本兵打得头破血流，终于冲出去一部分人。和我一块儿逃出去的有十五六人，我们不敢顺大路走，就从野地里走，走到天明才走了20多里路，逃出了石家庄。

张喜来和战友们举行了第一次暴动越狱，有的冲了出去，有的被打死打伤。日军看到自己关押的战俘竟敢用砖头木棒打伤、打昏值班的日本兵，气急败坏，恼羞成怒，对几个被打伤没能逃走的越狱战俘又补了几刺刀。据事后统计，这次暴动逃走30余人，打死11人，敌人还把一个越狱者的人头割下来，挂在战俘营门口，"借以示众"，进行威胁。但战俘们受到的却是鼓舞，虽然有的难友被打死了，但毕竟还跑出去几十人，越狱还是有希望的。但这次暴动越狱，也引起了日本人的注意。

第二天，日本人和战俘营的管理人员查看了战俘逃跑的路线和现场。随后，在西院一部和东院二部之间挖了一道深深的壕沟，沟沿上安装了铁丝网、电网，两院之间安了一个铁丝网门，并在电网外面修了岗楼，安了探照灯，夜间由日本兵在岗楼上站岗值班,用机枪封锁着大门。大沟西边由劳工训练所一部管理,即住着原来劳工教习所的管理人员和刚押进来的战俘。大沟东边为劳工训练所所部及训练二部,管理已经编好、准备送往日本的劳工大队,管理也更加严格。

3. 流产的计划——"五月暴动"

营内,一支500多人的出国劳工队正在编组。战俘劳工们看到自己马上要被送到日本,有的绝望沮丧,有的想和敌人拼一下,有的想搞一次暴动越狱。而这支劳工队95%的成员是剿共旅司令李佩玉的部下,担负日军掌控范围内沧石路的护路任务。不知道什么原因,日军对他们失去信任,从保定调来部队,把他们团团包围,缴械后,全都送到石家庄战俘营。他们过去为日本人干了几年事,没想到却被关进战俘营,还要送到日本当劳工,他们心里不服,于是私下议论着暴动逃跑的问题。而主要领导者、组织者是第三小队长王秋长,有人说他原是抗大毕业的,后来投靠了伪军;有人说他是共产党的地下工作者,反正他在战俘营里不是孬种。这天晚上,冀中九分区敌工科的刘占明同王秋长睡在一起,两人小声议论着未来的出路。刘占明先试探着说:"到日本当劳工没法活着回来,在路上得想法跳车逃跑。死了,死在中国;不死,就往家走。"

王秋长问:"你是任丘的吧?"

刘占明回答:"是的。"

王秋长看到都是老乡,便说道:"怎么没活路?这样吧,

九、此起彼伏的暴动

你串通串通,咱们组织逃跑吧?"

刘占明正有此意,便说:"好啊!怎么逃跑呢?"

王秋长思考了一下:"咱们晚上咳嗽为号,你给串通好,一个人抱两床被,垫到封锁沟上越过电网……"

王秋长又找了几个小队长,商量办法,并进行了分工,有的打卫兵,有的破电网,有的扛铺板、抱被子、填大坑……

头一天,敌人检查很严,巡逻队来来往往,没有逃跑的机会,王秋长没有咳嗽,也没有逃成。

但是,夜长梦多,没等他们暴动,却出了茬子。因为这支队伍多数人原先是伪军,这些人对八路军战俘并不信任,因此他们吃饭议论暴动时,提出派人监视着队里的十几个八路军战俘,并提出这些人一动就砸死他们的主张。就这样,本来也准备暴动逃跑的几个八路军战俘却被伪军战俘监视了。八路军战俘便找其他部门的难友商量怎么办,后来这事被劳工训练所日伪职员知道了。当天晚上,一个教官走到战俘劳工宿舍,对这支劳工队讲:"咱们都是中国人,我说话日本人也不知道,你们组织逃跑,敌人已经发觉了,已经加了岗,跑是跑不出去了。如果你们被窝里有'家伙'(指劳动工具,暴动时当武器用),早些想办法扔出去,可能一会儿就要搜,如果搜出来就是死罪。"战俘劳工听后,便各自把事先准备的武器偷偷做了处理。

但是日伪人员并没有搜武器,而是让这支劳工队在操场上集合,挨个进行审问,追查组织者,一下审问出 100 多个准备参加暴动的人,并开始给这些人登记。王秋长怕连累了别人,便主动承担了责任。

就在这时,出差归来的副所长张子元走进战俘营,看到这么多人排队登记,就问缘由,一个教官说是追查暴动组织者。张子元想着,如果登记了名单,日本人肯定会追查,被登记的人就可能人头落地,于是急忙说:"你们先别登记,叫他们解散先回去。"只把已经登记的暴动组织者王秋长和其他两个小队长留下做了口供。

张子元本想保护这些人,但日军已得到了有人准备暴动的消息。为了不连累更多的人,王秋长就把责任都揽在自己身上。他知道敌人不会放过自己,在上厕所碰到同屋的难友及庆增时便说道:"碰上你正好!请给我带个话。我是高阳城西的,我已经承认了组织暴动,不承认也不行,你们别害怕,死就死我一人,我也不往外拉扯人,你们如能出去,给我家捎个信,让他们来弄我的尸首。"他还对一同策划暴动的刘占明说:"计划暴露了,你给高阳西关义荣菜庄我叔叔捎个信。"

刘占明接过话,"你别说了,有你还没我呀,你是高阳的,我是任丘的。"

王秋长对大伙说:"我没拉出你们,告诉我叔叔,我是被汉奸抓的,活不成了,叫我叔给我报仇吧!"

过了不久,王秋长就被关进地牢,第二天,日本人就把他押到劳工训练所南院墙内枪杀了。枪杀前,日伪人员问王秋长还有话说吗,王回头一看,后面还有两个人,就说:

"组织逃跑的就我一个人,要杀杀我一个,没他俩的事。"

但日军并没有听他的话,三个人同时被枪杀了。枪杀后,敌人还把他们三个人的头割下来挂在电网杆上示众。晚上降旗时,伪教官还指着人头警告战俘:"以后不要再想逃跑,谁想逃跑也是这个下场。"

事后,日军为了防止李佩玉串通自己的部下再闹事,日本参与(顾问)奥滕让军医给关押在传染病隔离室的"剿共"旅司令李佩玉及其参谋长注射了苯酚针液,两个为日军服务多年的伪军官最后也惨死在日军手中。

4. 军营夜惊——"六月暴动"

洛阳战役后,大批国民党中央军战俘被送进石家庄战俘营,他们听说要被送到日本当劳工,便暗中酝酿暴动逃跑。1944年6月的一个夜晚,一批中央军战俘500多人还没有进行劳工编队,便在两个营长的组织下,半夜冲到院内集合。准备向外冲时,被日军警卫人员发现,立即用机枪扫射,封锁了大门、路口。战俘们看到逃出去没有希望,便马上跑回宿舍,躺在床上装作睡觉。等到敌人追到屋里时,大伙儿都装成睡熟的样子。日军叫醒几个战俘,问其为什么到院里闹事,大家都说不知道,都不承认到院里去了。

张子元领导的地下工作小组对劳工暴动存在着矛盾心理。他们多想让自己的同胞暴动成功,逃出战俘营,但他们又知道战俘营的日军警戒森严,暴动少有希望,于是战俘劳工一入营,他们就告诫大家不要干傻事。每次暴动失败,日军同日本职员追查暴动主谋,他们就想法为其开脱罪责,尽量少让一些人牵扯进去,把受害者人数降到最低。

此时,住在所外的副所长张子元闻讯赶到战俘营。由于担心敌人追查暴动组织者,他就找了个借口,说这叫"军营夜惊",在南京也发生过这类事情。因日本人也讲迷信,也就似信非信地接受了,再加上这次暴动一个人也没跑出去,此事也就此平息了。

5. 摔碗为号——"九月暴动"

1944年秋天,普通班的几百名战俘刚刚进行了编班,日方准备送其到日本充当劳工。战俘中暗暗传播着暴动逃走的消息,人们又悄悄地做着准备。

夜已深,战俘们却没有一丝睡意,躺在床上小声议论着。查夜的日本兵进来了,屋子里立刻静悄悄的,日本兵的大手电从北到南,从东到西,从头到脚,照了个遍,看见没有异常现象,便向另一栋房子走去。铁靴的脚步声,由重到轻,在门外消失了,战俘的宿舍立即又传出轻微的密谋声。

大约11点,突然在宿舍的中部发生了摔碗的声音,和衣而睡的劳工们立即跳下床,拆下门窗柱子当武器,一边喊着"冲啊",一边向宿舍外边冲去,向日本兵守着的大门奔去。

看到劳工暴动,值班的日军警卫立即用机枪封锁了大门和二门,一批战俘被机枪打倒了,一直没能爬起来;有的看从门口跑不出去,就翻越封锁沟,钻铁丝网;谁知日军已经给网通了电,一些人又被活活电死在电网下,枪声、喊声乱成一片。

九、此起彼伏的暴动

探照灯一下全灭了,一会儿又全亮了,日本兵从铁丝网外包围了战俘劳工队,警备班和干部班也被日本兵驱赶着,到封锁沟里搜查暴动逃跑的战俘劳工。

当日军在战俘营捉拿暴动战俘时,作为劳工训练所副所长的张子元等管理人员却被挡在战俘营门外。这里不妨听听当时在劳工训练所做缝纫技术工作的指导教官李兴勃的回忆:

> 那天夜里 11 点,我同张子元、傅充同被宿舍对门劳工训练所日本小队的翻译刘英华找去到他家里打牌,忽然听到战俘营方向传来很急的枪声,刘说可能是所里发生了事情,我们不要再打牌了。因此刘带我们三人急去战俘营,等我们到门口,战俘营日军门卫问口令,让我们停止前进。当时,刘向日本人答话,说明张子元所长等人来意,炮楼日本兵却说里面发生了事情,但已平息,大门现在不能开,你们也不能进,我们只好又回到宿舍。

按说他们身为劳工训练所的副所长、部长、教官和翻译,有一定的身份,但在所里发生暴动时,却不让他们进入,由此不难看出日本人对中国职员的信任程度,也可看到所里到底由谁当家。

第二天早晨上班时,管理人员李兴勃来到劳工训练所的大门口,看见被日本兵用枪打死的战俘劳工有 20 多人,连所长办公室墙上的木板都被打了不少枪眼。上午 9 点,日军小队的一个军曹来到劳工训练所办公室,要所里派人陪同他们到劳工大队查找暴动主谋，先后两次找出 7 个战俘劳工，说其是暴动主谋。第三天，日本小队长召集日伪教官开会，研究如何处理。日本兵主张杀一儆百，用来镇压劳工的再次暴动，而中国职员则反对抵触。最后，日本小队长还是杀了 3 个战俘劳工，并让警备班把人头挂在所外院大门口、日军炮楼前的电线杆子上。

6. 血腥镇压——"十二月暴动"

1944 年的冬天，是一个寒冷的季节，由于饥饿、寒冷和疾病，营里每天都有几十人死去，最多的一天死了 200 多人。战俘们从死难同胞的命运看到自己的未来，都认为与其冤死狱中，不如冒死一拼。12 月中旬，劳工训练所一部新编成一个预备班，共有 400 多人，准备送二部训练后送到日本。其中一些战俘秘密串联，准备暴动越狱。

12 月 23 日晚上 8 点，趁日伪人员吃饭时，预备班第一、第二小队首先发难。他们砸坏门窗作为武器，拿着饭碗、砖块冲出宿舍，直向大门冲去。守卫的日军立即向他们开枪射击，大门和围墙四周的岗楼都开始射击，机枪封锁了路口。战俘劳工看从大门逃不出去，又转回身钻电网。日本兵又给电网通电，战俘劳工们有的被打死，有的被电死，有的被打伤。

听闻战俘营中战俘发生暴动，住在东兵营的一四一七特别警备队的日军乘汽车赶来，包围了战俘营，日伪职员看到大批日军赶到，也活跃了起来，强迫警备班包围了预备班，全所戒严，配合日军到各屋搜查。枪声停止了，黑暗中出现了吆喝声、棍棒声、劈刺声、怒骂声。

"谁也不准动，谁动就打死谁。"折腾了半宿，战俘营才平静下来。第二天查出50多人，日伪职员进行突击审讯，审出参加暴动的20多人，并将其杀害。还把其中几名暴动首领刘风奇、高清海、张银锁的人头挂起来示众。这里，我们可以从几个当事人的回忆对这次暴动有所了解。

碰碰运气吧
——小队长姜建文的回忆

我原籍河北定县合同村，1944年冬被定县城内日寇特务抓捕，送到石家庄劳工训练所，进所后被编到预备班，并被干部班大队长苟文新（原国民党第十五军，洛阳战败被俘）指定为第三小队队长。当时，一个小队130多人睡在一个大炕上，睡觉时，先让劳工在大炕上横着排成前后两队，喊"一、二"后，后排向前倒，前排往后倒，一个头一双脚地挤在一起。都是侧卧，翻不过身来，常常有人被挤出来压在别人身上。

一天晚上七八点，我们队正在屋里吃晚饭，住在我们东边的第一、第二小队已吃罢晚饭。我们听到东边大声喊叫"跑啊"，向东一看，第一、第二小队的人正在砸门窗，从门口、窗口往外跑。

此时我们小队饭也不吃了，也尾随在第一、第二小队后边往外跑，我也就跟着一块儿往外跑，恨不得一步就迈出去。在我跑到院中普通班的东头时，听到大门口日军的枪声大作。顿时，跑在我前面的人便向回折。人群大乱，此时枪声更密集，我看着跑不出去了，便赶快折回屋中。先后跑回屋中的有90多人，其余的则乱跑乱逃，有的跑到别的班中，有的钻铁丝网，在我们跑回屋中时，大家慌乱一团，往墙角乱挤，形成人堆。

有的说："队长，怎么办？"

当时我想，这回算完了，碰碰运气吧，便说："乡亲们，这样不行，咱们活，活在一块儿；死，死在一块儿，大家各回各床头坐好。"

难友们这才四五个人一行地坐在木炕上，我在下面站着。大家正回自己铺前坐时，日军已进入院中，追杀我们手无寸铁的同胞。我们坐好不久，十几个日军冲进我们住的屋，为首的是一个手持洋刀的鬼子军官，后边是上了刺刀、荷枪实弹的鬼子，先头那个鬼子一进门就凶狠地四周张望，并骂道："开路的，死啦死啦的。"

我一见此情景，便立正向日寇深深一鞠躬说："太君，我们开路的没有。"

那个日寇向我们坐着的人扫视了一下说："好好的。"便向西走去。在鬼子尚未走完时，对面木炕底下有一个劳工钻了出来，被后面的鬼子发现，便抡刀在其脖子上连砍几下。这个人40来岁，穿一身紫花土布棉袍。当时未被砍死，后来被警备班拖出去了。

九、此起彼伏的暴动

鬼子走后，我们预备班的房子整个被警备班包围起来，并进来几个人在屋内监视，让大家躺在炕上，不准出门大小便，更不准说话动弹。到第二天天明，警备班才撤走。

我走出屋子观看，见预备班西头的死尸房里放着七八具穿衣服的尸体。平时的死尸一抬到死尸房，当即把衣服扒下，死尸是赤条条地扔在那里，今天却都穿着衣服。我还看到警备班从铁丝网底下正拉着死尸，被日寇屠杀的惨景目不忍睹。

在暴动后的两三天，院中栽了3个木桩，上面挂着3个被日寇屠杀的劳工的人头。下面有个木板，上面用白纸写着布告。劳工训练所的教官召集我们小队这90多个劳工到人头前训话："……你们不要再办这些蠢事了，在这里跑是跑不出去的。"并用手指着用以示众的人头说："这就是逃跑的结果。"

屠刀下的26个冤魂
——拉尸队赵菊的回忆

那是一个冬天的傍晚，战俘营发生暴动后不久，天上飘着雪花，外边特别冷。下午5点，战俘营来电话说死了六七十人，我们拉尸队全体出动，赶着马车，拉着排子车进了战俘营。刚走进大门，日军就把我们挡住，不让往二门里面进，朱教官说："站着别动，待会儿再进。"我们不知道发生了什么事,停下来往西边一看,原来日本人正在杀人。

在战俘营西北角,日军宿舍北边,西围墙东边,日军不知什么时候让人挖了个南北长东西窄的大坑,坑边的土高出地面一米多。大坑四周的土台上,跪着20多个从背后反捆着手的战俘,听说都是前些日子暴动的参加者,日本人把他们关在地牢里,不给饭吃也不给水喝,一个个饿得连抬头说话的力气都没有,让他们跑也跑不了。周围站着一圈荷枪实弹的日本兵,一个高个日本胖军官,30多岁,穿一身白军装,打着红皮裹腿,手里提着把东洋刀,沿着俘房背后转,走到一个战俘身后,把东洋刀举起来,向右一抢,向左一劈,那个战俘的脑袋就被砍下来滚进沟里,接着身子往前一倾也栽进沟里。就这样,这个日本军官一刀砍一个,约半小时,围着沟转了一圈,接连杀了20多人。看到这个场面,我们都惊呆了,又惋惜又担心,惋惜这么多中国同胞被敌人活活杀死,担心日本人让我们去拉这些血淋淋的尸体。

后来敌人没让我们拉这些尸体,找人就地掩埋进事先挖好的坑里。我们看见3个人用铁铲端了3个人头走过来。这时朱教官边走边骂地说:"日本人真狠,一下就杀了咱们26个人。"走到我们跟前时说道:"今天你们都看见了,出去可不准乱说,当心你们的脑袋。"这才放我们进去拉尸体。等我们拉尸体出来到二门时,看见门口立了个一米多高的木桩,木桩上钉块木板,那3个人头用钉子钉在木板上。第二天,我们又去拉尸体时,看见人头下面贴着一张白纸,上面写着恐吓和警告战俘们的话。

这是我第一次看见日本人杀人,那情景让人可怕恶心。几天后我还神魂不定,不久便大病一场,从此就没再去战俘营拉过尸体。事情过去几十年了,想起日本人的罪恶,真是可憎可恨,这段经历我一辈子也不会忘。

我们洗的人头
——统计员杨球的回忆

1944年7月23日,我被送到战俘营预备班当劳工,14天后调到干部班的统计股任统计员。1944年12月24日晚上八九点钟,一部卫生科东头一排房子住的预备班400余人发起暴动,直往二部门里冲,当冲到一部门口时被镇压。战俘营的日本兵开枪迎头射击,在一部门口南边当场打死4人,靠门口北边沟边有四五人,加上警备班用木棒打死的,共计十余名。直到10点钟镇压平静后,日军和警备班到预备班清点人数,一看不是原数目,然后到别班搜查,搜出走错屋子的人都带到警备班看管起来。第二天,劳工训练所和一四一七部队的日伪人员对暴动进行调查,并研究了处理办法。第二天早晨我们听说,日本指导官岛田杀了十多个人。这时,朱教官到办公室,要干部班来4个人。也不说干什么,只说"你们几个跟我走"。我们几个人出了里门后向西走了不远,发现院子西北角日本兵宿舍后边、旧门卫西边有排死尸。当时我偷看了两眼,在西北角墙根南边躺着一排死尸,靠南边又有一排尸体,两边当中有一个尸体。在这个时候也不敢直接看有多少死尸,只听朱教官说:"你们一人打水,每人洗个人头,洗好后将人头挂在一部门口。"我们按着朱教官的吩咐,把3个砍下的人头洗净,捧到一、二部连通的门口,又让我们先把人头钉在板子上,然后再挂到3个木桩子上。挂好后,他们又让劳工协会的王会计在每个人头下面贴上一张白纸,写着组织暴动领袖的姓名、籍贯、简历。这3个人名叫高清海、刘凤岐、张银锁;后来是警备班一个助教到干部班办公室报的死人数,共计33人,除当场打死11人外,22人是后来被杀害的。

我写的布告
——文书马庆选的回忆

1944年12月下旬的一天晚上,我们在干部班刚吃完晚饭,听见"轰"的一声,后来又听到枪响,知道是暴动了,我们谁也没去看。第二天早晨,日本兵、警卫班及教官们在院子里、病房里共逮捕了40多个人,把这些人带到日本人住处。听说日本人审讯了半天,把几

九、此起彼伏的暴动

个主谋单独关了起来；其余的30多人，不管是带伤的还是不带伤的，关押在另外两间屋子里。第三天上午，石教官到调查室，叫我们把那30多人再问问，看看到底是怎么回事。我们问了几个小时，没问出统一的结果。后来石教官到调查室，我们把调查情况向他报告了，他看了看被问的名单，扔到桌子上便说算了吧。当时我们问他是否把这些人放了，他说再圈圈他们吧，压压他们的性子，接着他又说："要放他们还得和日本人联络。"那30多人仍被禁闭在那两间屋子里。

后来，听说日本指导官岛田在一次喝醉酒后，先把主谋的3个人绑起来，又叫捆那30多人。先问谁需要换药，于是带伤的人便争先跑出来想换药，但出来的人都被捆了起来。人们隔着玻璃看到这一切后，便不再出来，后来敌人便让警备班把人硬拉出来，不管有伤无伤，后来不知谁说算了吧，便不往外拉；据说拉走十三四个人（连几个主谋），共砍了十六七个。后来日本人叫干部班去洗人头，我没有去，后来不知谁挂上了3个人头。赵教官又到办公室说，日本人叫写一张布告，屋里人谁也不应声，后来他指名叫我去写，我在办公室由石教官和赵教官给我提词，我照着写，内容是"警告暴动"的。在被杀的人员中，有定县的张脏儿，有高阳的王小喜。听干部班的人说，王小喜在被杀害前还高呼"共产党万岁"！

这次暴动，在石家庄战俘营中规模比较大，影响也比较大。因为暴动的领导人和骨干都被敌人杀害了，所以暴动是怎么组织的，怎么发动的，以及具体经过都不太详细。上面几个目击者的回忆，虽然人名、人数因记忆有误而不太一致，但基本事实是清楚的。从中可以看出战俘劳工不甘屈服的斗争精神和日本侵略者草菅人命的罪恶。

图23 日本侵略者杀人不眨眼，无数无辜的同胞倒在日本侵略者的屠刀之下（何天义研究室征集图片）

十、从战俘营到万人坑

1. 寻找万人坑

随着调查的深入,石家庄战俘营的轮廓慢慢地显露出来。根据战俘们的回忆,人们推算从1938—1945年,日军在这里关押了约5万名抗日军民,约2万人被折磨致死扔进了万人坑。但是万人坑在哪里?万人坑有多大?多数战俘说不清,他们回忆,每天都看到拉尸队把尸体拉走了,拉到哪儿不清楚。1992年,我们把石家庄战俘营的情况向国际社会揭露后,不少日本学者来石家庄考察,他们既要看战俘营,又要看万人坑。前者我们掌握了一些情况,后者却没搞清楚具体位置。

一次,我们在查资料时,看到一份1951年的《石家庄日报》,上面登载了一篇署名风风的文章《日寇杀人的魔窟——南兵营》,记者对南兵营和万人坑进行了实地考察,文章讲南兵营的战俘都被拉到"休门义地"埋了,"休门义地"在南兵营西南2里的地方。

于是笔者沿着战俘营旧址向西南逐单位寻找,找到一个军用仓库。据仓库的老政委和老主任讲,新中国成立初期他们接收这个仓库时，库区有一片坟地，但埋葬的是日本军官，坟堆前还竖着小石条，是座"鬼子坟"，搞基建时只挖出很少的尸骨，看样子不像是埋葬战俘遗体的万人坑。于是我们又通过省新闻界寻找那位叫风风的记者，终于在《河北日报》社找到了老记者沙风。他说风风是两个人，他是其中一个，另一位记者已经去世，因时间太长，他也记不清具体地址了。

我们带着困惑回到家，又翻开风风的文章，仔细阅读，慢慢琢磨，紧紧盯着"南兵营西南约二里地"那句话。忽然我们想到，是不是记者沙风当时把方向写错了，或是报社在排版时把东南排成西南了。于是，我们又沿战俘营东南方的马路，逐单位询问管理营房和基建的人员，询问当地的老住户，调查这些单位过去搞基建时是否发现过大批无名尸骨，接连查访了几个单位，终于在石家庄地区第二汽车修理厂了解到重大线索。几位退休老工人说，该单位在建厂初期和"深挖洞"时都曾发现过大批遗骨。后来，我们又找到休门村百汇工贸公司的领导，召集七旬以上的老人开座谈会，请他们回忆战俘营和万人坑的情况。终于找到拉尸队的一位幸存者赵菊老人，掌握了拉尸队的工作情况，核实了万人坑的具体位置，果然就是我们推断的"东南二里地"。

1995年8月，中央电视台的水均益来石家庄做战俘营的专题时，我们特意安排其采访了拉尸队的幸存者赵菊老人，为历史保存了一段证言。这件事也使我认识到，历史事实是客观存在的，有些历史事实搞不清，不是当事人已经离世，就是历史工作者的工作还没做到家，只要舍得下工夫花气力，总是可以查到一些事实真相的。

2. 休门村的拉尸队

赵菊是休门镇的老住户，卢沟桥事变时，他家有4口人——父亲、母亲、妻子和他。第二年他有了个儿子。虽然是农民，但家里却没有土地，只有3间土坯房。父亲50多岁，在镇上摆个小茶摊，靠几天一次的休门集挣几个钱买米买面。夏天还能赚几个钱，到冬天连一个人的饭钱也挣不上。母亲常年有病，妻子忙于家务，就靠他在街面上当卖菜的经纪人，挣两个小钱养家糊口。因为生活贫困，吃了上顿没下顿，所以不管多脏多累的活，只要能挣钱，别人不干他都干。休门是个大镇，上面经常来人，来了人需要接待，要安排客人的饭菜，准备牲口的草料，镇长都叫他去支差。旧社会经常有穷人饿死街头没人管，镇长就派他们几个家庭较穷的年轻人抬走埋掉。有时镇上给几个钱，有时不给钱。时间一长，他们成了镇公所的当差人，人们叫他们"伙夫"，也有人说他们是镇公所的办事员，镇上只要有事，镇长就叫他们几个去干。

1937年10月10日，日军占领了石家庄。休门镇也住进了日本人，镇公所又多了支应日本人的差事。第二年麦收前，日军突然在休门镇南圈起了几百亩庄稼地，先拉铁丝网，后用土打墙。不管是谁家地，都不给赔偿，强圈硬占，不久便建起了南兵营和衣粮厂。南兵营开始住日本兵,后来就变成战俘营,专门关押战俘劳工。由于战俘营条件恶劣,不少人进去后被折磨而死,几乎每天都有人死去。死了人需要拉出来埋掉,日军不准战俘劳工出营埋人,就把拉尸体埋葬的任务交给休门镇,镇公所又把埋死人的任务交给他们伙夫班。于是他们又成了战俘营的拉尸队。埋一个尸体,镇上给他们4元钱,即日伪联合银行币。开始,这4元钱可以买10斤小米,后来只能买两个馒头。尽管给点钱,也没人愿意常年干这埋死人的活,可这是日本人给的任务,地方上惹不起。愿意干得干,不愿意干也得干;给钱得干,不给钱也得干。

赵菊是日军实行第五次强化治安时(大约是1942年)被镇公所派去拉尸体的,一干就是两年多,后来还是因为生病才辞掉了这个差事。当年,他们村被派去拉尸体的共有13人。领头的是赵秋来、赵福群、刘东来。什么时候去拉,去哪拉,往哪埋,都听他们安排。赵菊和其他人都是干具体活的,有彭贵子、张丑子、赵妮子、赵臭妮、杜臭妮、赵润、吴存子……

图24 从石家庄战俘营向万人坑拉尸体的休门村村民赵菊老人(何天义研究室拍摄)

他们每次进出战俘营拉尸体,经过两个门口时,都要进行严格的审查验证登记。拉尸队的进去后不准分开,不准乱走,也不准同里面的战俘劳工讲话,总之,给人阴森可怕的感觉。

3. 棺材板与尸体垛

战俘营宿舍最南边一排是病房,在病房的西头,有两间坐西朝东的木房,这就是战俘营的停尸房。每天死的人都抬到那儿,等着他们去拉。开始,一些尸体上还有衣服,后来死的人都光着身子。据说战俘营缺衣服,死者的衣服被缺衣的人扒去穿了。因为停尸房很少有人去,所以老鼠成灾。每次走进去,都可看到成群结队的老鼠,大的有30多厘米长。一些尸体的鼻子耳朵都被老鼠啃掉了,这些老鼠不怕人,每次得把它们赶走才能运送尸体。

从战俘营往外运尸体,有时用人抬,有时用车拉。开始时用棺材装,一人一个棺材。当时休门镇姚副镇长的父亲是个木匠,他家把给战俘营做棺材的活包了下来,光他家就做了有大几千口棺材。所谓棺材,实际是用薄木板钉的长木盒子,木板一寸厚,大小刚能盛下一个人。拉尸队开始到战俘营拉尸体时还用这小棺材板装人,后来里面死的人越来越多,棺材做不过来,又要花很多钱,日本人不让再埋棺材,而是把尸体倒出来埋了,把空棺材拉回来反复使用。这样过了一阵子,因死人太多,没那么多棺材可用,日本人就让用席子卷,一张席子卷一个尸体,用绳子捆一下,装在车上拉走。后来,死人越来越多,席子不够用,只好像码秫秸垛一样，把尸体码在大车上，用席子在上面一盖，用绳子简单捆一下拉出去。

4. 三人抬五人

每次去战俘营往外拉尸体，都是先由镇公所和战俘营电话联系，告诉当天有多少死人。死的人多，就多去人；死的人少，就少去人。每天都死几个，通常死二三十个，多的时候死七八十个。一般情况下，他们去一辆人拉的排子车、两辆牲口拉的大马车。车不够或找不到车时，也用人抬。当时他年轻，身体比较壮，所以抬尸体的活都是他们的。

一次，敌人从战俘营押了一批战俘到南栗村兵营干活，押去一大批，回来只剩下 18 个。一个个都瘦得皮包骨头，不知敌人用这些人做了什么试验，胳膊都肿着，还有抽过血的黑斑痕迹。赵菊去拉尸时，见这 18 个人都躺在北大门西侧墙根的席子上，有的一张席子上躺 3 个，有的一张席子上躺 2 个。那天他们去了 3 人，没有找到车，只好用人抬。他们用席子把尸体裹起来，有的一个席子裹 3 个人，有的裹 2 个人，他们前面一人，后面一人，赵菊在中间抬双杠。从战俘营到万人坑要走三四里地，他们一连抬了 4 次，硬是抬着去埋了。人们都说"死沉，死沉"，死人很沉。如果不是这些人骨瘦如柴，没有斤两，赵菊他们一次怎么也抬不走 5 个人。拉尸体一般都在下午 5 点以后，有时早晨也拉过。一年冬天，战俘营里的战俘劳工暴动越狱，被电网电死几个。敌人一大早就打来电话，让他们去拉尸。他们走到电网跟前时,那些尸体已经僵硬,看到同胞们被电死的惨状,人人心里都很不是滋味。

5. 休门义地——万人坑

七七事变前,休门有两块义地。一块在村北(现长征街上);一块在村南,从休门到元村的路上,是和尚寺的地。专门埋一些没家没亲、病死街头的人。日军来后,北边的地被占了,南边的地被圈进衣粮厂。日军又让休门镇负责掩埋战俘营中的死难战俘。休门镇便在战俘营东南方买了东岗头村的一块地(现在东风西路北侧石家庄地区运输公司第二汽车修理厂内)。先买了2000多平方米,两年后因已埋满,挨着义地北面又买了2000多平方米。开始人们叫这里"休门义地"。因埋的人多,时间长了,义地塌得坑坑洼洼。人们又叫它"万人坑"。

图25 如今中日合资建立的汽修厂房,就是当年埋葬战俘劳工的万人坑(何天义研究室拍摄)

在休门义地里,有三间小北房,砖墙平顶,东间的墙上有一个个小窑窝,原是准备放骨灰盒的。西边两间可以住人,拉尸队的工具放在里面。房子南面有两座烧煤的炼人炉,具说建成后烧过两个死人,因为烧煤炉温度低,尸体烧不化,后来就没再用。炼人炉西边有口水井,原来是浇地的,后来供看坟人生活取水,他们干完活也在这里洗洗。

由于埋的人多,埋得又浅,经常有野狗从坑里拖出尸体啃食。加之拉尸队的工具放在这里没人看管容易丢,需要找个人照看坟地。于是大家想到在市里卖鸟的李小可。

李小可是束鹿人,在市内以卖鸟为生。日本人来后,兵荒马乱,谁还有心养鸟,他便靠拣粪为生。一天,赵菊见到李小可,便问道:"小可,拣粪怎么样?"

李小可说:"不行,顾得了吃饭,交不起房钱。"

赵菊便说:"你去看坟吧,也给俺们看看家伙(埋人的工具),可以不让你交房钱。"

李小可说:"行。"就这样,小可夫妇带着领养的小女孩搬进义地的房子里,一边看坟,一边拾粪,在坟地的边沿种几个瓜,点几粒豆,贴补生活。拉尸体埋人,最难的就是人多地少无处可埋。埋一次人挖一次坑太麻烦,后来拉尸队就给李小可一点钱,让小可帮他们挖坑。事前在义地挖出两米宽、两米深,长短不等的一个个大坑。把尸体拉来后平搬进去,每层放十几个,然后埋上一层土;下次拉来尸体再摆上一层,然后埋上一层土。一般都埋两三层。战俘营的尸体上大多有个布条,写着死者的姓名住址。对于家在附近县的死者，估计家里有可能来领尸体，他们就单独埋个地方，或者插个木牌，在记录簿上注明第几号坑第几层东边数第几个人为某某。然后找个认字的给他家写封信，说"你家某某已死，如果要尸体，请在几天内到休门镇寺东口茶馆找某某联系"。有不少家属得到消息后，前来认尸，他们和李小可帮人家挖出来，用水洗净，装殓运走，人家也给他们买点烟酒，或给几个感谢钱，大伙分分，买几个烧饼吃。

拉尸队有个记录拉埋尸体的花名簿，原来由彭贵子记录。后来彭贵子不干了，大伙说赵菊上过几年私塾，能认几个字，就让他记录；赵菊生病后，又把这个花名簿交给刘东来。花名簿是毛头纸订的，四五寸宽，一尺多长，一本250页，用毛笔两面写。每页都记着几十个人名，记有死者姓名、籍贯、某年某月埋。后来死的人太多记不过名，就记个人数。仅赵菊经手记录的死者就有七八千人，整个拉尸队共记了几本账他也不知道。他们就凭着这个账簿和战俘营每天的死亡通知单，到镇上去领工钱。

6. 把活人当死人拉出

一次，赵菊和臭妮接到镇公所的电话，说战俘营今天死了7个人。他们便找到吴存子，3个人一块儿去战俘营拉尸。

进了战俘营，像往常一样，里面的人先给他们身上喷洒了药水，然后才让他们到里面去。吴存子到病房找管事的，赵菊和臭妮去停尸房抬尸体。电话上说7个，可进屋一数8个，其中一个尸体的脑袋肿得像农村盛水的柳罐一样，还流着又臭又脏的脓水。病房的管事人远远地站在一边,一直看着他们。当时他还很纳闷,但也没有理会。赵菊同臭妮开始抬尸体,一个抬头,一个抬脚。他刚把手伸去抓住一个人的手腕,对方一下也抓住他的手腕。他头发根子一炸,难道活见鬼了。他定睛一看,这个人没死,是个活人,可能是午饭后爬到死人堆上的。

过去光听说庞镇长、金翻译、张丑子把活人当死人救出来过,但赵菊没有经历过。他知道这是危险事,让日本人发现了是要杀头的。现在碰上了,怎么办?

他们要是向日本人报告了,这个战俘肯定没命;战俘若反咬一口,他们也没命。都是中国人,何不救他一命。赵菊伸出另一只手在战俘的脑门上拍了一下,自言自语,也像暗示似地说了一句小时候闹着玩的话:"你知道我知道,光着屁股睡过觉。"这个战俘听后,知道了赵菊的意思,又装成死人不再动了。在那头抬脚的臭妮着急了,说道:"你念叨什么哩,还不快抬。"幸好这天他们去的3个人只有4只眼,臭妮和存子两人都有一只眼有毛病,看东西不太清楚,所以都不知道尸体堆里有活人。通知单上有7人,只能拉7人,拉8个人出不了门。于是他们先拉了7个,然后用席子盖上捆住,故意把那个脑袋肿大流着臭水的尸体露在外面。

到大门口,见到站岗的日本兵,赵菊主动走上去:"太君,眯路眯路(看看)的。"日本兵一见车上那散发着臭味的尸体,急忙用一只手捂鼻子,嘴里说道:"快快地,开路开路的!"没有查验就让他们出去了。

走出战俘营500多米，赵秋来来了。赵菊想告诉他车上有个活人，赵秋来急忙止住他不让他说。到了没人处，赵秋来说："满街都是人，你瞎说什么。"赵菊给他讲了装车的经过，赵秋来点了点头："到义地再说。"

到了义地，天就黑了。他们把尸体往李小可挖好的坑里一倒，那个人"呼"地坐了起来。赵秋来急忙让他躺下别动。这时他才把情况告诉臭妮和存子。当时那人身上一丝不挂，周围又没有藏身的庄稼，只有义地边上的几棵干扫帚还没有拔掉，他们让那个人藏在扫帚棵里，等天黑得看不见人了再想办法。

他们继续往尸体上扔土，掩埋完毕。赵菊坐下来抽烟，琢磨着怎么办，那个人又跑过来问他要烟抽，说几个月没闻到烟味了。赵菊把点着的烟递给他，他烟瘾还挺大，几口就抽完了。赵菊问他叫什么，是哪里人，他说叫田四群，是正定府人，休门村赵合的媳妇是他妹妹。这时赵菊才想起前些日子赵秋来给过他一个条子，上面写的名字叫田四群，说他的亲属让打听他的下落。

田四群没穿衣服不能进市，赵菊领他到李小可的房前，小可正做晚饭，已烧了一锅开水。赵菊给小可说："你另烧一锅吧，把这锅水给他洗一洗身子。"小可找来盆子让田四群擦洗了一遍，又从屋里找了两件衣裳给他穿上，田四群这才像个人样。

天黑得看不清对面了，赵菊和赵秋来一前一后带着田四群回到休门，送到他妹夫赵合家，他在赵合家住了几天，派人从正定家中拿来良民证，才被送回去。

7. 到底埋了多少人

石家庄战俘营的万人坑到底埋了多少人，拉尸队的账簿已经找不到了，战俘营的劳工名簿也被日军销毁。据当事人回忆，死亡人数最多时有两个高潮：一次是1942年，日军在华北进行残酷"扫荡"时，不到一年日军就在华北抓捕了几万名战俘劳工，战俘营"人满为患"，疏于管理，传染病流行死了不少人；另一次是1944年日军在洛阳作战时，仅两三个月就往石家庄战俘营送来1.3万多名国民党战俘，不少人没进战俘营就死在火车上，到石家庄就被扔进万人坑。因条件恶劣，石家庄战俘营每天都会死亡几十人，最多的时候，一个晚上就死了290多人，平板车拉不过来就用汽车往外拉。日军究竟在这里杀害了我们多少同胞？谁也数不清，1951年《石家庄日报》的记者风风到战俘营万人坑遗址采访考察时，三区龙王庙街的刘东来曾在战俘营拉过尸体，他说："鬼子杀咱们人太多了，我自己在战俘营用排子车拉出的死尸就有2 000多人，想起来真痛心"。在休门义地看坟的李小可夫妇谈起日军残害战俘的惨状时，止不住的悲痛和强烈的憎恨使他们说话的声音都颤抖了："鬼子杀我们人海（多）了。一年360天，哪天不死几十口，那年冬天下大雪活活冻死好些人，平常都是太阳落了往地里拉，这回太阳老高就拉了。一车装30个，4个人拉，拉了3趟，咕咚咕咚地扔在一个大坑里。那些人呀，都是光着屁股，面黄肌瘦，皮包着骨。到夏天，脸肿很高，瞪着两只大眼，浑身是伤、是

十、从战俘营到万人坑

血、是粪,有的从车上往下一搬,就烂成几截了。后来没地方埋,就把原来埋的地方再刨刨填进去。我们看坟两年多,估摸着最少埋了两万人。"6年到底死了多少人?据战俘营多数人回忆,这期间,敌人残害、病饿、冻死在石家庄战俘营的战俘劳工只会比两万人多。

图26 1994年10月,在石家庄战俘营万人坑遗址施工时出土的部分死难战俘的遗骨(何天义研究室拍摄)

1994年10月,原石家庄地区第二汽车修理厂又一次扩建,中日合资盖一座大车间。铲车在夜间挖地基时又发现了大批遗骨,还发现了炼人炉残骨和炭灰。工厂立即停工,报告了市委市政府,有关部门在现场研究,鉴于对万人坑遗骨进行全面发掘需要财力和时间,工厂将会遭受很大损失,故决定对已挖出的遗骨妥善保存,对埋在地下的遗骨原封不动。将来如果日本政府继续否认侵略罪行,再重新发掘予以揭露。

· 179 ·

石家庄战俘营纪实

图27 在石家庄战俘营万人坑遗址发掘的部分死难战俘的遗骨（何天义研究室拍摄）

图28 日本强掳中国人思考会代表田中宏在石家庄战俘营与中国学者和民众交流，挥笔题词"前事不忘，后事之师"（何天义研究室拍摄）

十一、特别挺进队起义

1943年，日本华北方面军为了消灭中共北方局和晋察冀根据地，在一年内接连进行了"は"号作战、"才"号作战两次大规模的残酷"扫荡"，但始终未能达到目的。于是日军改变华北派遣宪兵队编制，组成"以破坏中共秘密组织及秘密活动为主要任务的"华北特别警备队。华北特别警备队司令部设在唐山，司令官由方面军宪兵司令加滕泊次郎中将兼任，下设10个特别警备大队（每大队下设四五个中队不等），还有8个情报班、8个侦察班。这个特务组织兼有宪兵和作战分队的职能，分布在华北的北平、天津、包头、张家口、唐山、太原、石家庄、济南、德州、青岛、开封等地。驻石家庄的为特别警备队第四大队，对外称"一四一七部队"。队部驻在石家庄东兵营（原石门中学），队长为三浩大佐，情报主任为泽井上尉。

为了打击敌人的后方，共产党八路军在敌后战场改变了斗争策略，组织敌后武工队、平原游击队、铁道游击队等武装形式，用小股武装打击敌人的指挥中心，破坏敌人的交通要道。搞得敌人胆战心惊，不得安宁。

于是日军华北特警队也模仿八路军敌后武工队的形式，

成立了特务武装，配合日本野战军作战。石家庄的一四一七部队，从石家庄选出一批熟悉八路军根据地的战俘组建兴亚工作队、特别挺进队，专门针对晋察冀根据地冀西区和晋冀鲁豫根据地太行区，对根据地党政机关进行夜袭、奇袭、剔抉、破坏。

1. 此孙毅非彼孙毅

在 1942 年的"五一扫荡"中，在冀中地区随军办学的抗大二分校及抗大第三团损失较大，不少抗大教员和学员被日军俘虏送进石家庄战俘集中营。从缴获的文件和战俘口中，日军知道抗大二分校校长叫孙毅，是个长征干部。因此日军千方百计地收集抗大资料，总想抓到孙毅和抗大二分校的机关成员。一天，特别警备队情报室接到在冀中进行扫荡作战的部队来电，说抓到了八路军的一个名叫孙毅的大官，在延安抗大工作过，可能是抗大二分校的校长。听到这个消息，华北特警队的日本军官欣喜若狂，孙毅可是一条大鱼，如果能把他争取过来，不仅可以知道共产党八路军上层的很多情报，还可以影响到共产党八路军一批中下级干部，于是急忙要求前线部队立即将孙毅送到石家庄。

然而此孙毅并非彼孙毅，让日军特警队一阵空欢喜。日军在冀中作战抓捕的孙毅并不是抗大二分校的校长孙毅，而是冀中七分区司令部作战参谋孙毅。这个孙毅原名孙义，又名孙爽义，山东省武城县人。早年参加过山西汾阳西北陆军教导团、察哈尔民众抗日同盟军，全面抗战暴发后，曾在延

十一、特别挺进队起义

安抗大一大队学习,返回华北抗日后一直在冀中军区部队抗战,先后任班长、连长、副营长、武工队长及七分区三十六区队作战参谋等职。1943年底到1944年初,他在冀中活动时与敌人发生遭遇。当时,司令部住在河北省安平县滹沱河北岸杨各庄,拂晓时遭敌合击,他带着一个排掩护机关撤退,因敌众我寡,机关撤退了,他带的一个排却被敌人打散。当时他刚调到分区机关,情况不熟,又患疟疾,他和战士们跳进滹沱河,将枪支、皮包、文件扔在河内,企图渡河南撤。因河水较深,他又不会浮水,只能爬在河冰上随水流去。此时他听到岸上有人跟日军说他叫孙毅,说他是作战参谋。日军便组织战俘把他从河水中捞出,此时他因患病加寒冷,已经失去知觉。战友们为他换棉衣取暖,喂热水抢救,挽回了他的生命。见他渐渐醒过来,日军就审问他,但他闭眼不答。日本兵用皮鞋踢他,他就破口大骂。日军把他带到安平县城,又用皮鞭抽,用狼狗咬,他仍是闭口不答,于是敌人给他戴上手铐,同战士们分开关押。日军以为他就是抗大二分校校长,于是向上级报了功,才有开头那段欣喜若狂的场面。

第二天敌人正式对他进行审问,反复问他是不是抗大二分校的那个孙毅。这时他才意识到日军把他认错了,于是就说:"你们做梦恐怕也捉不到他!可以说,只有我这个冤包才能叫你们捉住。"但敌人并不相信,仍然说:"我们上级请你到石门去。"日军问他部队的情况,他仍然闭口不答,结果又挨了一顿打。第六日,将他押到石家庄日军宪兵队。

在那里，日军对他进行了简单的审问和登记，已发觉他不是抗大二分校的孙毅，问其他情况他仍然不答，于是把他押进牢房。宪兵队驻地曾是石家庄焦化厂厂房，监狱房间很大，一个大屋子里放着20多个木笼。一个木笼关一个人，站起来碰头，躺下伸不开腿，只能靠着木笼一角，半坐着睡觉，好像动物园关老虎的笼子。日军给每人一个破军毯和一个便桶，每天早上擦地板，每星期准倒两次便桶。除了睡觉，每天就是等着吃两小碗稀饭或豆饼粥，还有一小碗凉水。日本兵说讲卫生消毒，每天往木笼里洒药水，很快他就生了一身疮。

也许敌人想用恶劣的条件消磨他的肉体和意志，押进来四个月没有对他进行审讯。加之饿得难受，他就靠骂街、唱歌来消愁解恨。直到1944年5月日本人才提审他，开始说对不起，因为忙没有顾上你，他仍以骂回答："你们把老子杀了算啦，为什么白叫我受罪。"

随后日军把他带到石家庄东兵营，即华北特警队一四一七部队小监狱。这里关押着特警队抓来的战俘和重要政治犯。这里的生活比宪兵队要好点，但仍然吃不饱。住的房间仍然是木笼，一个木笼里有时住几个人，平时大家可以聊天谈心。聊天中，大家都认为不能长期住在这里，应该想办法出去。于是敌人再审讯时，他们改变过去的办法，不再硬碰硬地对抗。这里有个翻译室，内有翻译7人，都是朝鲜人，专门翻译共产党、八路军的文件情报资料，而八路军的文件多为油印件，常有看不清的地方，翻译室便叫孙毅等人去看去问，孙毅也有意识地接近他们，争取出去的机会。

就在这时，孙毅结识了同情中国战俘的朝鲜翻译金村。一来二去，两个人由熟悉到建立信任，金村把自己被八路军抓捕，又被放回的情况告诉了孙毅，还把共产党地下人员给他来信，让他设法营救共产党被俘人员的事也说了。一天，金村找孙毅说："你们立场坚定、态度坚决，这是好的，但这样下去如何办呢？应当想个办法出去。"于是金村经常叫他出去看文件，实际上是给他创造条件，让他早日出去。

一次，日军要他写八路军的游击战法，他看到日军缴获了不少毛泽东主席关于持久战、游击战的著作，这在敌人的情报室已不是什么秘密，都是常见的东西，于是他就以自己的体会，连抄带编地写了一篇《八路军的游击战及反游击战法》。写完后，由同牢的华北联大教员李淑芳翻译成日文。

日军情报室看了孙毅的材料，认为有水平，觉得他很诚实。后来日军又找他，询问怎样才能消灭潜伏的共产党八路军。他在金村的指导下，又写了一篇《要想剿共胜利，必须安定民心》文章，主要内容讲：中国人为什么恨日本人？因为汉奸、特务搜刮民财，残害百姓。要想中国人不恨，就要清理这些人。要想"剿共"胜利，还必须"以共剿共"，即从战俘营挑选一批可以"信赖"的八路军战俘，组成一支队伍，用八路军敌后武工队的方法，到八路军根据地内开展活动，以达到破坏共产党领导机关和地下机关的目的。孙毅起初的动机是应付敌人，先从战俘营救出一批干部再说。没想到这个想法正符合日军以华治华的政策。于是在金村翻译的策划帮助下，日军特警队一四一七部队同意孙毅先到战俘营挑选一些人试试看。于是孙毅便从石家庄战俘营挑选了几个冀中七分区的被俘干部，开始组建兴亚工作队。日军还在市区开始了"八月逮捕"，抓了一批在外县发了财而来石家庄居住的汉奸、特务。

2. 组建兴亚工作队

石家庄的石门中学被日军占领后改成东兵营，院里偶尔还可看到残留的"石门中学"的字迹。此时是华北特别警备队一四一七部队的军营，但门口挂着"兴亚公寓"的牌子。门口两个日本士兵站岗，院里时而走过几个文职官员和武装军人。

在兴亚公寓的前院一角，8个穿八路服装的军人席地而坐围成一圈，听一四一七部队日本情报主任上尉泽井训话。这些人中，孙毅是冀中七分区作战参谋，张君实是七分区安平县城工部部长，张辅卿是七分区安平县民政科科长，高子庚是七分区某连连长，蒋庆昌是七分区某部的排长。以上七分区5名被掳人员都是孙毅为组建兴亚工作队而向日本人提出要求、从石家庄战俘集中营挑选的。另外还有3人也是八路军的军政人员，李荣原是河北鸡泽人，原是冀南三分区轮训队副大队长，通过北平特警队的关系由无极送来的；马景是河北灵寿人，原是冀晋四分区三十六团侦察连指导员，后任四分区司令部侦察参谋，授命派遣打入石家庄，建立情报站。他先以八路军排长请假未归的身份参加伪灵寿县新民会,到石家庄活动时结识了一四一七部队的金村翻译,听说日军要成立兴亚工作队,不是八路军干部不要,便请金村介绍加入兴亚工作队。张江与马景是同乡,是平山县政府文书股长,请假回家探亲时被马景带着打入兴亚工作队。

组建会议像是座谈会,先由日军特别警备队上尉泽井介绍了中国队员的身份,由一个会汉语的日本兵做翻译,接着讲解了兴亚工作队的目的和任务。泽井宣布这个组织暂名"兴亚工作队",目标是共产党晋察冀根据地领导的各级党政军群组织,主要任务是收集共产党八路军的情报,抓捕抗日军政人员,并监视其伪政权内部军政人员警察特务的活动情况,剔除对日军不忠的组织及人员。

最后,他给大家提希望说:"中国有句名言'识时务者为俊杰',希望你们认清时局,只要跟着皇军干,就有出路,就有前途,金票、美女,大大的有。今后你们要争取更多的人参加我们的队伍,共同完成剿共大业。下次扩编你们都可以当官的干活。"

泽井宣布,兴亚工作队由日本士兵井上久男为队长,中国战俘孙毅为副队长,日本士兵德勇繁担任参与(顾问)及翻译。此人中国名字为李兴亚,又叫李四,能说中国官话,也懂得石家庄土话,常驻兴亚工作队,可以说在队里为日本人当着半个家。

为了了解考察这8个队员,日军让他们填写了履历表,为了不被共产党地下组织很快发现,日本人让每人重新起了个化名。孙毅改名王振东,张君实改名王惠民,张辅卿改名杨建华，高子庚改名刘均，蒋庆昌改名李庆华，李荣原改名李丹阳，马景改名为马志强，张江改名为张庆昌，这就是兴亚工作队建队之初的"八大金刚"。从此，他们改名换姓，开始了所谓的"兴亚工作"。这8个人中，前面6人来自冀中七分区，后2人来自冀晋四分区。王振东等6人认为马志强、张庆昌两人是主动投敌的，对此抱有戒心，有些活动避着他俩。

建队之初，日军对他们并不信任，主要是进行试探、考验、奴化教育、特务训练。生活上比战俘营有所好转，每天让吃一顿窝窝头，一顿大米粥，一顿小米粥。吃完饭带他们看电影，逛妓院，或到市郊熟悉情况，回来谈体会写感想，或写个人的工作计划，如怎样进行剿共、怎样进行特务工作。不久日军要求他们到石家庄郊区收集情报。每天吃过早饭，带上中午的干粮（一个玉米面饼子或窝头）结伴步行到郊区活动，调查石家庄周围村庄的人口、土地、生活及社会状况。一方面观察他们是否想逃跑，另一方面锻炼他们的活动能力。

经过一段时间，敌人看他们没有逃跑的意向，为了让这支特务组织接近八路军的太行山根据地，对其进行考验和锻炼。一四一七部队情报处决定由日本队长和翻译带领全队人移往石家庄西北1.5公里的获鹿县城（今鹿泉市），驻在南门里的感化院内。一方面接受日军的感化教育，另一方面完成日军布置的特别任务。因此，日伪政权和当地民众又称他们是"感化队"。

3. 进驻获鹿感化院

刚到获鹿三四天,日军就向兴亚工作队索要情报,要求收集八路军的报纸、宣传品等。王振东等战俘都是冀中区的,现在到了冀晋区的获鹿县,人生地不熟,赤手空拳,在敌我交叉区域活动,别说搞情报,外出连生命保障都没有,不是被八路军当"汉奸"除掉,就是被日伪军当"共匪"杀害。

一天下午,王振东避开日本人,和马志强、张庆昌召集冀中七分区的几个战俘商量对策。本来大家认为到兴亚工作队可以脱离战俘营,早日回到部队,没想到又要给日军当特务,破坏根据地和解放区,所以多数人想逃离此地。

有的说:"孙参谋,过去你带我们打鬼子,拼命我也跟你干,可现在你要我们当特务,我不能服从。"

有的说:"你不应该把我们从战俘营要出来干这个,与其在这儿当特务、当汉奸,让人唾骂,还不如死在战俘营里。"

这个说:"打仗当了俘虏,就够丢人的,现在又要背汉奸特务的骂名,还不如与敌人拼个你死我活痛快。"

那个说:"不能杀敌报仇,但绝不能助纣为虐,不管走到哪儿,都不能忘记我们是中国人,绝不能干危害党和人民的事。"

也有人提出不同看法:"我看利用外出搞情报的时间逃走倒是一个好机会。"

有人拥护:"对,把敌人狠狠地干一下,再逃走。"

王惠民反驳道:"我们逃走并不算难,但我们走了,日军还会找人来干。与其让敌人选一批坏蛋到这里来祸害老百姓,破坏根据地,还不如我们把这支队伍变成抗日的队伍,穿着敌人的衣服同敌人斗,现在可以人在曹营心在汉,将来把红旗插上太行山。"

王振东说:"大家的心情我理解,被俘以来,我心里也不是滋味。敌人让我当副队长,我难道愿意背这骂名?可我们这样回去,有什么脸见首长和同志们。我同意王惠民的看法,不如学学三国的关云长'身在曹营心在汉',趁敌人扩大队伍,从战俘营再营救一些同志,把挺进队控制在我们手里,一旦时机成熟,再拉回根据地。"

听了王振东一席话,大家心中的死结慢慢解开了,不过还有人担心。

有的说:"可是队上的这几个鬼子并不信任我们,再说还有马志强、张庆昌几个主动投敌的,弄不好,我们连自己的命都保不住。"

也有人说:"眼下这一关怎么过?敌人向我们要情报,还要我们策反区以上干部,既要死的也要活的,我们能杀自己的同志吗?"

大伙为此发愁,众人陷入沉思,屋里一片寂静。

突然,"嘭"的一声,门被推开了,一个身穿长袍头戴礼帽的人闯进来:"好啊,我看你们都吃了豹子胆啦,大白天在这里研究袭击日军,看来你们不想要自己的脑袋了。"

十一、特别挺进队起义

进屋的正是冀晋四分区侦察参谋、打入兴亚工作队的马志强,但他的真实身份,在场的人并不知道。他的闯入使屋里的气氛一下紧张起来,大伙儿一个个惊得目瞪口呆,有的从床上跳到地上,逼近马志强说:"你,你,是——"

马志强不急不忙地说:"你什么,不认识,过去是共产党的侦察参谋,现在是兴亚工作队的队员。你们的会开得不错嘛,就是警惕性太差了,没注意隔墙有耳,你们的话我全听见了。"

王惠民问:"你想干什么?"

马志强说:"我要报告给井上队长,你们怎么办?"

没等马志强说完,李庆华就跨步上前拧住他的胳膊:"你这个共产党的叛徒,自己投靠日本人,还要出卖我们,你想让我们死,你也别想活。"说着就要扭捆马志强。王惠民立即走到门口关住房门,听着外面的动静。

马志强没有反抗,表情镇静地说:"同志们,别误会,听我把话说明白。"

"谁和你是同志!"李庆华一边说,一边和刘均把马志强捆了起来。刘均向王振东说道:"老王,干掉他算了,免得留下隐患。"王振东观察着马志强的表情说道:"让他把话说完。"

马志强挣扎着抬起头:"大家不必惊慌,也不必紧张,我不是叛徒,也不是特务,更不会出卖你们,我的身份以后你们会知道。"

王振东:"那你到底是干什么的?"

马志强:"我是从根据地来的。不过我有自己的任务。如果我今后做了对不起大伙儿的事,你们可以随时把我处决。大家想回根据地,心情可以理解,但当前党需要的是派大批人进来开展城市斗争。我同意老王的意见,趁敌人扩队的机会,营救战俘营的战友,把这支队伍控制起来,成立地下军,获得敌人的情报,剔除汉奸特务,同侵略者进行斗争。"

王振东:"可我们被俘后和组织失掉了联系,自己在这里干,领导会相信吗?"

马志强:"你们的问题我负责汇报,必要时可以给你们发证件。"

王惠民:"那眼下敌人要的情报和宣传品怎么办?"

马志强:"这些由我想办法。"

王振东:"那咱们好好商量一下。"他看到马志强还被捆着,便说:"还不快松开。"

大家松开捆绳,马志强甩了甩被扭疼的胳膊说:"咱们还是商量一下工作,我建议成立一个秘密小组。"

王振东:"这个建议好,他们几个和我都是一个分区的,都是共产党员,都是经过战火和监狱考验的,咱们成立一个小组,你就来领导吧。"

马志强:"还是由你来领导,我负责同根据地联系。"

刘均等人纷纷表态:"我们同意!"

于是马志强背着驻队的日本人,叫来一块儿打入的张庆昌。兴亚工作队第一批选调的人员全部到齐,开起了秘密会议。一个以共产党地下工作者为核心,团结被俘共产党员所形成的战斗集体,在敌人的营垒中形成了。同时,他们商定由王振东向队长井上汇报,派马志强到离共产党晋察冀军区较近的平山县收集情报,同时向党组织汇报兴亚工作队的组建情况。

4. 马志强冀晋请令

在获鹿前往平山的公路上,一辆由卡车改造的长途汽车从山脚向山上爬行着,汽车烧的不是汽油,而是柴火,所以爬坡比较吃力。司炉放上几块劈柴,车头立刻卷起一股浓烟,熏得旅客捂鼻子蒙眼睛。卡车大车厢两旁放着两排椅子,椅子上挤满了穿戴整齐的城里人。车厢中间堆放着行李货物,货物上散坐着几个乡下人。

马志强头戴礼帽,身穿长袍,以商人模样坐在车前的椅子上。

卡车吃力地缓慢爬坡,一个修建石津运河的工程人员不耐烦地对司机说:"师傅,你这车开得像老牛爬,什么时候才能到平山?"

司机没好气地说:"我有什么办法,日本人要支援太平洋战争,汽油只供军用,烧柴火能快得了吗?"

正说着,汽车出了故障,干使劲走不动。司机无奈地说:"嫌慢,现在还得站,车出故障了,都下车吧!"

乘客们不情愿地走下车,司机掀开汽车前盖修理,司炉给火炉加上劈柴,使劲摇着手动鼓风机,折腾了半天才修好上路。天黑前，终于赶到平山县城。

全面抗战爆发后，八路军东进华北，建立了晋察冀根据地，平山县归冀晋四分区管辖。1940年，为纪念抗战牺牲的分区司令周建屏，把平山县一分为二，以冶河为界，其西仍为平山县，冶河以东，含平山、井陉、获鹿各一部分合并成建屏县。当时平山县是日伪政权的活动区，建屏县是八路军的活动区，冶河一带是封锁线。这一带是冀晋区三十六团的活动范围，身为军分区侦察参谋的马志强对这一带情况很熟，也有不少地下关系。当晚他就住在平山城关镇镇长大绅士薛贵良家中，随后由地下联络站的孙树元（又名李黑娃）送出平山城南。过了两道封锁线，到了三十六团部驻地——温塘村，向团长陈开录进行了汇报。陈团长亲自给除奸科、侦察科打了电话，让其为马志强准备报纸、宣传品。随后又到温塘西北大陈庄，找到共产党的建屏县委书记齐文川，要共产党的宣传品。齐文川听完汇报，说："宣传品现下还没有，你们可以用人民政府的名义编一些告伪军同胞书、告伪政权人员书之类的宣传品。"并要求马志强注意观察特别挺进队其他人员的情况，争取教育并掌握扩大这支队伍。

时间紧迫，不敢久留。告别建屏县领导，马志强顺山沟走小路，当天回到团部，晚上通过封锁线回到平山城，第四天坐汽车回到石家庄，又从石家庄市坐火车回到获鹿县城。在路上，他编造了一份假情报。回到获鹿感化院，他把带来的旧报纸及编造的假情报和宣传品交给了兴亚工作队副队长王振东。但是日本人要的宣传品还没有，于是马志强同王惠民、杨建华等人连夜草拟，由文书张庆昌连夜刻印。以建屏县委宣传部的名义编写了两份宣传品。一份是《告伪军官兵书》，讲斯大林格勒战役的胜利、希特勒必然灭亡、要求伪军戴罪立功等；另一份是《告敌占区同胞书》，主要讲国际国内的有利形势，号召民众迎接革命的大反攻。

在向日本一四一七特警队上报成绩的同时，他们把自编的两份宣传品在市内散发，也塞进日伪的警察局、特务队、警备队，这些机构看到后，也报送日军特警队，增加了兴亚工作队情况的真实性和可信性。

不久，军分区和建屏县先后派交通员郝玉德以商人身份到兴亚工作队找马志强，建立了正式的组织联系。接着，平山县公安局孙树元以马志强的情报员身份到兴亚工作队，同王振东等被俘人员见了面，传达了四分区的指示，要他们"长期潜伏，扩大力量，准备反攻"。这使大家吃了定心丸，不再想着个人逃跑，同意接受上级任务，在马志强的领导下同敌人展开隐蔽斗争。

5. 以假乱真巧应付

兴亚工作队交出了第一份情报和宣传品后，日军看这个组织还能为其办事，于是通过伪军和伪政权调剂，为兴亚工作队每人解决了一支枪、一辆自行车。同时，一四一七特警队又给他们加码加压，布置了新任务：获得一份八路军秘密文件，抓捕一个八路军的区级干部，抓不到活的死的也行。井上久男布置了任务，被俘的队员们都被难住了，经商量还是由马志强想办法。

马志强很快与建屏武工队取得联系，经县委同意批准，用一个因贪污犯罪需要处决的粮秣助理员冒充区级干部，并商定好处决的时间、地点、方式，由建屏武工队和兴亚工作队配合执行。

为了完成这一任务，马志强、王惠民带几个人到正太铁路南边一个伪乡绅那里要了5 000元伪币。用1 200元伪币买了一把土造撸子枪和5发子弹，又编了一份征公粮使用的统一累进税"文件"和一份花名册。之后，马志强根据同武工队约定的时间，写了一份假情报，"据悉获鹿县在南故城村召开各区干部粮秣会议，有全县共产党的区级干部参加"，随即交给队长井上久男，队长派日本翻译德勇繁随队抓人。

这天晚上，武工队押着判死刑的贪污犯提前来到南故城村，并派出哨兵盯着村口。与此同时，马志强、王振东等在日本翻译德勇繁的陪同下骑自行车向南故城奔去。为了不让日本翻译了解真相，快到南故城时，王振东故意放慢速度同日本翻译走在后面，马志强带领几个人走在前面。

建屏武工队看到马志强带着兴亚工作队进村，立即向村口打枪，并处决了所谓的区干部。马志强等人下车还击，武工队等人边打边撤，离开了村子。马志强带人冲上去，找到被打死的犯人，把事先准备好的手枪塞在死者手中，把自编的文件和名册装到死者身上。当德勇繁和王振东赶到，一个队员当着日本翻译的面搜出文件、取下枪支，交到德勇繁手中。德勇繁看到了最后一幕，对被打死的区级干部坚信不疑。向井上和泽井汇报后,一四一七特警队很满意,并要求做出更大的成绩。根据地党组织也指示他们在敌人内部打击汉奸,帮助武工队开辟石家庄市郊区的工作。

日军不断地向他们要成绩,王振东等人借口人太少,不好开展工作,向日军建议扩大队伍,一方面到共产党占领区策反人员,一方面到战俘营挑选"忠于"皇军的人。泽井同意了王振东的要求。于是马志强借机把平山、灵寿、获鹿和市郊一些地下工作者介绍到兴亚工作队。如家住市郊北杜村回家探亲的三十六团侦察连战士赵树森就是这次被招进来的。与此同时,王振东几次到石家庄战俘营找劳工训练所副所长、共产党地下领导小组负责人张子元商量,挑选了一批立场坚定、斗争坚决的共产党被俘干部。

1944年7月,工作队从战俘营要出20多人,都是共产党八路军战俘,都是斗争比较坚决的人员,其中有庞绍斌、杨玉生、王保臣、张守恒等。

扩编后,兴亚工作队以第一批队员为骨干,编为三个班。队部也由获鹿搬至石家庄西郊农村于底镇,任务改为加强石家庄周围的警戒,配合日军保卫石家庄西部的大郭村飞机场。不久,日军要他们留一个班在于底队部,另外两个班分驻北郊柳辛庄和南郊小留村,维持石家庄郊区的治安,收集周围各县的情报。后来敌人看分散活动力量太小,作用不大,于是又把他们都集中到于底镇,同警备队、特务队一块儿配合一四一七部队开展清剿活动。同时,兴亚工作队也执行根据地和地下党布置的任务,抓捕特务、处决汉奸。郊区群众弄不清兴亚工作队到底是一支什么部队——好人怕他们,坏人也怕他们。有些特务和地痞看到兴亚工作队在一四一七部队很受重用,很有权势,就打着兴亚工作队的旗号干坏事,欺压百姓。

一天,于底镇西边一个村的群众气喘吁吁地跑到他们住地,说兴亚工作队的两个人截了他们一辆大车,赶着往西边去了,请兴亚工作队行行好,把车还回来。王惠民听说后,马上找各班询问,都说没有派人出去要车,于是他急派队员张宝珂、张守恒等人骑车子去追。很快,就把车追回来还给了群众,并把两个坏人带回来审讯,果然是假冒兴亚工作队敲诈群众,而且已勒索过多次,并交代是获鹿县特务队的。兴亚工作队的几个骨干认为,这些坏人如不处理,就会败坏工作队的声誉,他们也难以在此驻扎。于是他们请示井上队长,由获鹿伪政府将这两个坏人在于底镇的大集上公开处决了。这样一来,坏人不敢再冒充他们欺压群众,群众也认为他们在这里对当地的治安有好处,不再那么憎恨他们。

6. 酒后心声身惹祸

兴亚工作队在敌人营垒里进行隐蔽斗争,说起来容易,做起来很难。它不像在火线上与敌人枪对枪、刀对刀地拼杀,可以按自己的意志英勇拼搏。兴亚工作队外出活动,面对的是自己的战友和根据地的老乡,这些人应该是自己的保护对象,日军却要对其进行抓捕、杀害,他们在感情上和心理上都接受不了。

十一、特别挺进队起义

1944年8月7日,兴亚工作队的30多人与获鹿县警备队的100多人,配合一四一七特别警备队到获鹿县大河乡去"扫荡",抓捕共产党的地下人员。尽管事前他们通知了地下组织,日军还是在该村抓捕了47名有嫌疑的群众。除中途兴亚工作队成员偷偷放跑十几人外,其他人都被送到了石家庄战俘营,其中20多人被送到日本国当了劳工。日军抓人时,兴亚工作队虽然没有决定权,不是主凶和首恶,但是跟着敌人一块儿活动就是追随和帮凶。每当提起这件事,一些队员的良心就受到谴责,心里也十分纠结。

不执行日军的命令,日军认为他们是假投降、不忠诚,甚至会遭杀身之祸。跟着敌人扫荡,老百姓就遭殃。而游击区的地下武装和广大民众并不知道兴亚工作队战俘们的真实身份和真正目的,以为他们真的背叛了民族和国家,有的骂他们汉奸、特务,有的对他们不屑一顾,有的把他们当敌人对待;外出活动时,常被武工队、游击队偷袭。又因为他们既抓共产党、八路军,又打击日伪军、警、宪、特,伪军也常向日军告他们的状,有时也借机打他们的黑枪。他们把脑袋捆在腰带上抗日,却遭到同胞和亲人的白眼和唾弃。心理压力很大,平时一直忍着,遇到机会就会情感暴发。

一次,日军一四一七特警队请兴亚工作队的主要成员在南大街狗不理包子铺吃饭。结果李清华和刘均喝醉了,走到大桥街口的伪市政府门口,李清华掏出手枪就打了一梭子,口中还大骂日本人。马志强等人一看不好,上去就把李清华摁倒,用绳子捆了起来。日本人要将其送到特警队,副队长王振东急忙说:"他是我们队的人,让我们先处理他。"才勉强得到日本人同意。王振东、马志强等人研究后,决定用苦肉计来救他。

回到住地,几个人先把李清华吊起来,含着眼泪实打实地打了他几下。这时,日本队长井上走进来,看见李清华被吊打,假装生气的样子上来就给了副队长王振东两个耳光,并说:"为什么这样对待你们自己的同胞,叫你们送到特警队,也是为了教育他,也不能像你们这样……"

这时,大伙赶快把李清华放下来,一场风波才算平息。事后,王惠民等骨干对收集情报、抓捕人员问题做了内部规定,日军要他们收集共产党八路军的情报,他们趁机收集敌人的军事、政治、经济情报。敌人让抓人时尽量应付,能不抓就不抓,能少抓就少抓,一定要搞清抓捕对象的身份,要借机抓坏人、救好人。

日军给兴亚工作队的任务越来越多,但工作队的人员只有30多人,无法单独执行大的清剿任务。于是1945年2月,日军又从战俘营里挑选了50余名战俘,进行了第三次扩编。

7. 扩编特别挺进队

1945年春节过后,兴亚工作队经历了又一次蜕变。日军把兴亚工作队扩编为特别挺进队,对他们寄予了更大希望,希望他们能尽快挺进华北共产党的老巢、太行深处的晋察冀根据地。

十一、特别挺进队起义

这天，兴亚工作队驻扎于底村的打麦场上，正在召开扩编大会。80多人成6路纵队站成一片，队员们一律穿华北农民常穿的紫花布衣服，围白毛巾，有的挎手枪，有的扛长枪，挎手枪的队员每人还推着一辆自行车。兴亚工作队的老队员都站在队伍前头，队伍两侧各有一辆插着日本膏药旗的三轮摩托，车旁各站着3个全副武装的日本兵。不远处停着一辆日本军用小汽车，周围有百余名日伪军警戒着。因为要扩编挺进队，日军特别警备队一四一七部队情报主任泽井上尉也来到会场，在队长井上和副队长王振东的陪同下，走向主席台。

队长井上主持会议，日本兵德勇繁担任翻译。首先请泽井上尉讲话，台下响起一片稀稀拉拉的掌声。泽井举起戴着白手套的双手，止住会场的喧哗，大声讲道：

特别挺进队的诸君们，大日本帝国的同人们：

今天我受三好大佐的委托参加特别挺进队的扩编大会，感到非常高兴，首先祝贺你们扩大队伍，祝贺你们迁入新居。看到你们整齐的队伍、威严的阵容，我对石门地区的肃正作战又增加了信心。

不久前，方面军冈村宁次司令官训示，作为我军的目标，一要树立必须使敌慑服的皇军威力，二要树立牢固掌握民心的森严的皇军威容。因此我们挺进队一定要使敌人"真正恐惧皇军"，使民众"真正信赖皇军"。

八路军的武工队能到我们的后方来捣乱，我们的挺进队也要挺进到他们的后方去，你们中国有本小说《西游记》，不知诸君读过没有？书中有个孙猴子钻到铁扇公主的肚子里，钻到牛魔王的山洞里，征服了对手。你们就是皇军的孙猴子，要打进聂荣臻的晋察冀，钻到共产党的老窝里，显显你们的身手。

前一段，你们已经旗开得胜，扩编后兵强马壮，希望大家精诚团结、再接再厉，做出更大成绩。

接着由特别挺进队队长宣布队长任命情况：副队长仍由王振东担任，大队部副官杨建华，文书张庆昌。挺进队下设3个小队，每队2个班，每班10余人，全队80余人。第一小队队长庞绍斌，下设两个大枪班；第二小队队长杨玉生，下设两个大枪班；第三小队队长兼情报主任王惠民，下设一个手枪班、一个情报班。日军队长井上久男、翻译德勇繁、伍长船户和3名日军士兵常驻特别挺进队队部。

日军还给特别挺进队配备了自行车，配发了10支三八大盖，每人还发了一枚铝制的三角形胸章，正面有个"工"字图案，背面铸有"一四一七"字样，挺进队员外出活动时胸前带上这枚胸章，就等于有了通行证。日本兵认为其忠于皇军，伪军警特看到则不敢惹。

日军到周围县城和郊区清剿，常常让特别挺进队配合，全队出发几十辆车子同行，威风凛凛、气势大增。因为特别挺进队直属一四一七特警队领导，有权到市郊和日军占领县城的伪党政军警特中去抓人，所以特别挺进队一出动，不仅老百姓害怕回避，汉奸特务们也提心吊胆。

8. 铲除日伪敌警特

特别挺进队第三次扩编时，兴亚工作队时的八大金刚马志强、李丹阳已经调离。特别挺进队主要由王振东、王惠民负责。建屏县委多次要求挺进队帮助县委开展城市郊区的工作，在敌人内部打击汉奸特务，建立革命的两面政权。

1943年以前，共产党打入石家庄敌人内部的较少，乡政府以上的职员，特别是治安军、警备队、特务队里多是国民党的潜伏人员，他们奉行"曲线救国"，共产党派去的人几天就被他们处理了。获鹿县李村镇是日本人的一个大据点，敌人活动很猖狂，共产党的区机关一年被破坏了三次，于是建屏县委要求挺进队配合武工队开展工作。

为了帮助抗日县政府，挺进队根据武工队提供的名单，以"通共"的罪名打击和抓捕了一批忠于日军的乡长、村长、保长和地痞流氓。晚上武工队活动，白天挺进队活动。不仅打击了汉奸势力，还稳定了郊区的治安。有时特别挺进队还配合建屏武工队在市区进行武装斗争，奇袭日伪机关。

1945年，平山县警备队根据日本顾问的要求，成立了一支特工队。该队队长胡同顺原是平井获特区三青团书记，专门对付八路军的地下工作者。为了搞掉这个组织，已从挺进队调到平山新民会的马志强，把挺进队的王惠民、张庆昌等人调到平山，同打入获鹿县日本特务队担任队长的齐一才，共同商量了一个先搞垮特工队再搞掉国民党县党部的行动方案。他们看到平山特工队长胡同顺家的房上架着机枪，而且枪口对着日军司令部，就采用反间计，以八路军的口气给胡同顺写了封信，要他办三件事：一是给八路军搞一份平山县城防图；二是八路军打平山城要他在南门接应；三是打起仗来要他用机枪封锁日军警备队司令部门。信写好后，获鹿县特务队的地下工作者先秘密逮捕胡同顺的勤务兵王鸡娃，经过教育后放出，让他到平山东关某处去拿马志强等人事先准备好的假信。等其向回走的时候，马志强等人陪着日本人将其公开抓捕。日本人审问了王鸡娃，又看到八路军的信，信以为实，便将胡同顺及特务队的十几人抓起来，等去抓国民党的潜伏人员时，其早已逃得不见人影。第二天，王惠民和挺进队把平山特工队押往石家庄。但日军不让胡同顺同去，而将其留下单独审问。胡同顺喊冤，说这是八路军的反间计，马志强才是真正的八路军。日军搞不清真假，于是又抓捕了马志强。后因特别挺进队反复要求，才把马志强放出，使他得以逃回根据地。日本宣布投降后，马志强作为晋察冀军区冀晋区的联络参谋，再次下山到驻石家庄日军服部旅团进行受降交涉，此后编入第二野战军，参加了解放战争。

当时的斗争比较复杂，除了日军明显的打击目标，汉奸特务的身份有时也很难搞清。比如特务分子，南京汪伪政权的特务身份是公开的，而且是死心塌地效忠日本的；重庆的国民党特务和共产党地下工作者都是秘密的，两者之间有摩擦，也有合作；国民党特务中的重庆派和华北的地方实力派又有矛盾，但其在"剿共"上和日军是一致的，在争夺地方领导权问题上则是尖锐的，有时会弄得你死我活。

十一、特别挺进队起义

1945年，国民党重庆军统方面派任福禄来石家庄统一领导石家庄及周围各县的国民党地下组织。任福禄是石家庄任栗村人，七七事变前，在石家庄大兴纱厂当过会计。他到达后，带着两支枪、一部电台、一个报务员，假装投降日军一四一七特警队，目的有两个：一是利用合法身份，把国民党地方派特务组织统一起来，不能统一就坚决消灭；二是协同当地伪军，准备在日军投降后接管石家庄。当时平（山）井（陉）获（鹿）等县的国民党书记部设在井陉，他们是地方实力派，在伪县政权、伪军警察特务中担任着要职，重庆方面几次来人试图统一，都被他们暗中抓捕。任福禄投降日军一四一七部队后，泽井大尉审问他时，他供出了平井获等县国民党的特区党部，日本人把他安插在特别挺进队，先让他带挺进队到市区搜查，搜到了国民党的两部旧电台。接着又让他带人到平井获等县的国民党党部，但只抓到一个伪县长，其他人都闻风而逃。同时，为与共产党争夺地盘，任福禄利用地方人脉抓捕了不少共产党地下工作者。此人的存在，给挺进队共产党的地下活动带来了直接的威胁，于是挺进队给他安了个假投降的罪名，把他送到北平西苑战俘营，日军在那里有个特务甄别训练组织。日军投降后，他又潜回石家庄，为国民党石门先遣军建立了一个情报站，受国民党华北剿总二处领导，最后被石家庄市公安局抓捕并控制利用。

因为情况复杂，在这些斗争中，挺进队也有抓错的时候，审讯中发现错了就立即放人。同样，挺进队也有几次被抗日武装误伤误杀。日军对八路军战俘并不太信任，所以第三批扩编的几十名战俘中有不少是洛阳战役俘虏的国民党官兵，日军暗中指示让国、共战俘相互监督。不过掌握领导权的仍然是共产党八路军的战俘。

9. 与武工队配合作战

有一次，日本人向挺进队索要战果，张庆昌、张守恒与平山县公安局地下工作者孙树元商议，孙树元说："搞两支破枪应付他们。"一天夜里，孙树元在于底村外的徐家庄等着。晚饭后，王振东告知日本顾问兼翻译北边发现了武工队，随后带着挺进队一个小队前往偷袭。日本翻译德勇繁要随队作战，王振东让杨建华陪他走在最后。王振东带着王惠民、杨玉生、张守恒等人骑车走在前面，到了和孙树元约定地点，王振东下令开枪，顿时枪声响成一片。杨建华便对日本翻译说："前面和游击队交上火了，咱们停住等一等吧。"日本翻译胆小，急忙同杨建华找个地方隐蔽起来。过了一会儿，王振东带队回来，对日本翻译说："刚才遇到游击队，打伤了他们的人，缴获两支枪，人跑了，天太黑无法搜索。"德勇繁见枪上还有鲜血，信以为真。但他怎么知道，两支破枪是孙树元事先放好的，枪上的血是张守恒等临时从农家鸡窝里掏出一只鸡，拧掉鸡头滴上的血。第二天，德勇繁还向日军报告了特别挺进队英勇作战的成绩。

有时挺进队和武工队会联系好，配合开展除奸活动，双方假装开枪，应付敌人。但也有事先没联系好而发生误会的情况，挺进队的队员谢中和、玉宝臣就曾因误会而负伤，他们被挺进队送到石门医院治疗，后被接回根据地，根据地还给他们发了残废证。

1945年4月的一天晚上，王振东接到挺进队长井上久男从市内打来的电话，要挺进队明天一早赶到大河镇查找地道，并说一四一七部队和获鹿县特务队都会去。王惠民听后道："先给大河镇抗日组织送个信，让他们有所准备，不然老百姓又要遭殃。"随即让张庆昌写信送去。

第二天清晨，井上久男、王振东带着特别挺进队按时赶到。日军先把大河镇包围起来，然后把全镇分成三片，特别挺进队负责村中间一片。为应付日军，他们先把地下工作者提供的一个废地道挖开，发现是个死口，里面什么也没有。后来一个队员在院里行动时踩塌了一个洞口，当时队长井上也在场，他叫人挖开洞口，发现里面有三米多深，下面是地道。井上让王振东带人下去。王振东带着张宝珂、张守恒、王惠民下了地道，走了一段，回复说是个废地道。井上和德勇繁不相信，也跟着下去看。地道里的东西已经搬走，只有一捆布鞋和一捆宣传品。面对黑洞洞的地道，井上也怕碰上躲藏的武工队和民兵，便把发现的布鞋和宣传品作为战利品，让队员们带上爬出地道。因为地下组织提前得到特别挺进队的情报，所以有了准备。日军一无所获，抗日组织未造成重大损失。

为了给敌人制造紧张空气，搞乱敌人的社会治安，挺进队员利用各种机会开展对敌斗争。1945年5月，日军占领洛

石家庄战俘营纪实

阳后在民族街电影院开庆祝大会。挺进队听说后,派了两个队员混进影院,向日军人群中扔进一个手榴弹,炸死炸伤一片,庆功会变成了治丧会。石门新市区派出所的警察在妓院一带横行霸道,胡作非为,群众非常愤恨,挺进队张庆昌等人带着4名武工队员趁夜幕奇袭了这个派出所,几分钟就结束了战斗,控制、教育了伪警察,带着缴获的手枪、步枪、军刀、电话机迅速离去。

有一次,城市地下工作者需要向根据地运送一车军需物资,特别挺进队奉命护送其出市。接受任务后,杨玉生、庞绍斌等人制定了一个武力闯卡的方案。

当时,日军在石家庄市区挖掘了环市沟,以隔离市区和郊县,行人和车马要出入市区就必须经过市沟上的哨卡检查。这天下午,在环市沟西南角的一个哨卡上,一根长长的活动杆拦住了通往郊县的马路,栏杆边两个伪军在来回走动。

市沟内侧的哨卡旁有个碉堡,几个日本兵在里面晃动着脑袋。电话铃响了,日本兵哇里哇啦地讲着话。杨玉生、庞绍斌骑着自行车向哨卡走来。市区一个地下工作者赶着一辆满载货物的马车走在他们后边,再往后边是另一组护送的挺进队员。

杨玉生等刚到哨卡边,元获独立营的几个武工队员也接近了哨卡。马车走到栏杆处,被一个端着长枪的伪军拦住,"站住!停车检查。"

庞绍斌走上前:"怎么,我们为皇军押送的物资还要

十一、特别挺进队起义

检查？"

伪军问："你们是哪一部分的？"

庞绍斌答："妈的，没长眼，老子是特别挺进队的。"

伪军看到了庞绍斌胸前的徽章，忙说道："对不起，兄弟有眼无珠。"

另一个伪军则说："不行！刚才皇军已经说过，凡是出市的人员和物资都要严加盘查，莫怪兄弟不讲情面，这也是例行公事。"说着走过去，揭开车上的帆布进行检查，等翻到装有药品和电池的箱子时，态度恶劣地说："电池和药品不能出市，马车得扣下。"

杨玉生说："这是皇军用于交换的特殊物资。"

这个伪军说："皇军的物资，那请拿来出卡证明。"

"证明在这里！"庞绍斌一边说，一边从腰里掏出匕首，一下就结果了这个伪军，杨玉生也用匕首结果了另一个伪军。

与此同时，元获独立营的武工队员急忙移开路障，保护着车夫赶着马车向根据地奔去。

听到下面的动静，岗楼里一个日军探出头来问："什么的干活？"

杨玉生回答："八路军武工队的干活！"

日本兵问："八路在哪里？"

庞绍斌答："爷爷就是！"冲着日本兵就是一梭子子弹。杨玉生趁机向岗楼里扔去一个手榴弹。趁着手榴弹的爆炸声，从后边追来的几个队员冲进岗楼一阵枪战，把岗楼的日

图29 战俘张荫桐（右一）向日本学者上羽修（中）介绍特别挺进队的斗争（何天义研究室拍摄）

伪军消灭干净，并割断了电话线，两分钟就结束了战斗。看到运物资的马车已经看不到影子，他们才怀着胜利的喜悦，骑上自行车向驻地走去。

10. 杨玉生太行传讯

特别挺进队第二小队队长杨玉生，是石家庄西南元氏县杨家寨人。原任元氏县一区武委会主任，归晋冀鲁豫根据地太行区领导。1942年在敌后工作时，因叛徒告密被俘，关进了石家庄战俘营。兴亚工作队第二次扩编时，由战俘营地下工作小组负责人、石门劳工训练所所长张子元推荐，来到这里，开始被选为二班长，随王惠民驻扎小留村，但心里一直想回根据地。他写信请房东送给妻子郭四妮，她也是共产党员。接信后，经县党组织同意，郭四妮带上女儿去小留村看望杨玉生。杨玉生把被俘后的经历告诉了妻子，表示决不当汉奸，还想带枪回根据地。夫妻商量后，杨玉生给县政府写了一封信，其妻将信缝在女儿的鞋帮里，返回根据地，向元氏县县长吴秋、公安局长阎东昌做了汇报。组织上写信指示杨玉生，让其继续潜伏，并要求其发展革命力量。杨妻又将信缝在女儿的棉裤内到小留村交给杨玉生。兴亚工作队扩编为特别挺进队后，太行区和元氏县又几次派人同杨玉生进行联系，指定了交通员、联络站和具体联络方法。

特别挺进队里的战俘有共产党，也有国民党，还有失去信任的伪军伪警察。而共产党战俘中，又分为晋察冀和晋冀鲁豫两大根据地的冀中、冀南、冀晋、太行四个大区领导，多数人不愿意当汉奸为日本人办事，但又互不了解，各怀心事。杨玉生便用聊天的形式，相互观察，试探摸清对方的政治态度。一次外出活动时，他同一班长赵树森有意识地走在后面，试探性地说："家里（指根据地）已知道我们当汉奸了。过去干革命，现在干这个……"

赵树森本来是马志强介绍来做地下工作的，一听便明白杨玉生的意思，随口便说："这个没干头，应该想法回去……"两人说话投机，认识一致，首先建立了信任。随后又联系了一小队队长庞绍斌和四班长王宝臣等人。庞绍斌是河北正定人，原冀南二分区二十五团连长，被俘后宁肯跳井也不投降，进挺进队后一心想归队，多次同正定地下党联系，一直没接上头。王宝臣是黑龙江三棵树人，原在冀南军

·211·

区敌工科工作,到挺进队后也积极要求归队。在小留村驻防时,杨玉生同三小队长(情报主任)王惠民接触过几次,彼此心照不宣。这时,马志强因情报工作需要,已经离开挺进队到市区活动。于是他们几个结合在一起,建立了一个秘密小组,基本上掌握了中下层领导,而且通过杨玉生妻子、赵树森父亲同太行区建立了联系。后来,太行区又派太行武工队长时增会、盛北光,元获独立营情报参谋吕聪瑞等人到特别挺进队驻地同他们接头,分别面谈。他们向上级来人介绍了特别挺进队的编制、武器、工作任务与对敌斗争情况,上级的侦察人员也对挺进队驻地的地形地貌进行了考察,为将来武装起义进行着准备。他们听说一四一七特警队要给特别挺进队发一挺轻机枪,准备发了机枪后再将队伍拉出去。经过商量,他们认为一个月后的农历月底天黑时为宜,但日军并没有给他们配发机枪,起义时间一直向后拖着。

11. 杀敌起义奔太行

特别挺进队扩编后,战俘中共产党员继续与根据地加强联系,以马志强、张庆昌、王振东、王惠民、张守恒等人为主,继续与冀晋四分区及建屏武工队保持密切联系。以杨玉生、庞绍斌、赵树森、王宝臣等人为主,与太行区及元获独立营进行紧密联系。还有不少战俘通过写信或传话同冀中区、冀南区的原部队原单位接上了关系,但因距离较远,无法直接指挥。而联系密切、指挥具体的是冀晋区和太行区党委和敌工部门。特别挺进队的地下组织在根据地党组织的指示下，利用敌人抓共产党的机会，借刀杀人，借力发功，抓捕了一些死心塌地为日军服务的汉奸特务，配合八路军武工队在市郊一带开展工作，掩护共产党的敌工、城工、武装人员，收集情报，购买枪支弹药、医疗用品等根据地急需物资，为党和人民做了不少有益的工作。但因情况复杂、环境恶劣，也办了一些错事、坏事和不愿意干的事。

特别挺进队中虽然共产党战俘占多数，掌握着一部分领导权，但毕竟是日军的特务组织，而且队长是日军主管。为了取得敌人的信任，队员们不得不做一些违心的事，有时陪同一四一七特警队、市县特务队、警备队外出执行任务时，虽然态度消极，仍免不了助纣为虐。所以周围群众对特别挺进队既有美言，也有恶语，不少队员也想早日起义归队。

1945年6月，日本在太平洋战场和中国战场败象显露。为收缩战线，保住华北退逃的海口，华北方面军要求华北特别警备队迅速集中调往总部唐山、天津一带。一四一七特别警备队要求特别挺进队随同调走，预定6月24日出发。在动员的时候，日军还把刚发给挺进队的10支三八式步枪收了回去，对挺进队表示出不信任。这时，马志强因瓦解平山特务队被敌人扣压后刚刚放出，不在挺进队，王振东先同王惠民商量，两人都认为在冀晋四分区没干出多少成绩，不如调到天津唐山干出成绩后，再把队伍拉出去，也好向党组织交代。但不知大伙儿意见如何，于是他们召开班长以上的骨干会议，征求大家意见，但会上没有一个人发言。

虽然在抗日问题上大家互不戒备，但各自联系的渠道不同，立场心思也不同。过去领导指示要长期潜伏，择机将队伍拉出，现在情况突变，说法不一，还没有同上级取得联系，都觉得不好表态。见大伙都不发言，王振东只好说："那就准备去唐山吧。"

会后，王惠民叫张庆昌写信同冀晋四分区联系，请示怎么办。但三天过去了，四分区没有正式回信，只是传口信，要求随敌去唐山，把关系转到唐山，再长期潜伏。

与此同时，杨玉生听说日本人要把特别挺进队拉到唐山煤矿充作劳工，就同庞绍斌、赵树森等人商议。大家认为，调到唐山再想把队伍拉出来就难了。于是决定立即给太行区写信，约定6月23日晚12时特别挺进队起义，请求太行区派部队接应，里应外合把队伍拉回太行。

信写好后，立即交给地下联络站——于底修车铺的程德山。程德山把信装进自行车把中，骑车送到大宋楼地下交通站的苏九子家中，苏九子急忙进山把信送到太行区委。为了配合这次起义，太行一分区派元获独立营基干连和公安队一部50余人前往接应。

为使起义消息不被泄露，杨玉生、庞绍斌事前没有通知大队部，只有太行区地下小组的几个人知道。原来同冀晋区四分区联系的张守恒等人听说太行一分区来人接应后，也主动同杨玉生等人联系，参与了起义计划的制订。他们做了分工，杨玉生负责与根据地写信联系，并在接应部队到达后，告知副大队长王振东等拿钥匙开大门；庞绍斌具体负责指挥全队撤离；赵树森负责当晚的岗哨与接应部队接头联络。起

十一、特别挺进队起义

义的前一天,杨玉生和张守恒到石门医院看望了受伤住院的太行地下小组的王宝臣,通报了起义计划,并承诺之后派人来接他。

杨玉生、庞绍斌等人原想一枪不放就把队伍拉出去,为了控制住国民党战俘和驻队的几个日本兵,他们事前安排赵树森在睡觉前收缴了国民党战俘的子弹,由张荫桐负责拿走日本兵的手枪。等张守恒到日本兵住的房间时,三个日本人正在下棋,他便走到床前,准备到枕头下拿枪帮其擦枪。还没接近床头,张守恒就被一个鬼子叫住并撵出屋,从里面插上了门。一枪不发的计划由此落空。

石家庄周围的民房大多是平房,夏天可以在房上乘凉,秋天可以在房上晾晒庄稼。这天晚上,天气较热,有的队员在房上睡觉,赵树森借口后半夜天凉,让房上的人都下去回屋内睡觉,并派一名可靠的队员在房顶上站岗放哨,嘱咐说:"今晚八路军来接,我下去看看,待会见到下面来人,不要乱喊,你就叫我'班长,还不换岗'。"赵树森到各屋转了一圈,没有发现异常情况,便又上到房顶,按事前约定点了一炷香,在空中抡了三圈,然后将燃烧的香立在街上容易看到的房顶西北角。

与此同时,太行区接应部队在分区参谋王志忠、指导员朱志文的率领下,由地下交通员苏九子带路,早早就从驻地下山,天一黑就赶往于底村。到于底村后,苏九子先到挺进队院外观看有无香火。看到香火闪烁,情况未变,便向接应部队报告,领队王志忠便指挥部队向挺进队驻地靠拢,并将

· 215 ·

其包围。

眼看 12 点了,接应部队还未到,赵树森急得在房上转圈。就在这时,他看见交通员苏九子带着队伍过来了,忙顺着墙边一棵大树跳到墙外。与部队接上头后,赵树森帮接应部队找梯子上房,居高临下控制住全院。赵树森、张守恒等为接应部队介绍了挺进队的居住情况,并指认了日本兵居住的房间,决定从窗子投手榴弹炸死房内的日本兵。

接应部队命战士褚文祥向日本兵住的房间投弹,第一颗手榴弹从窗子扔进去,"轰"的一声响,里面的敌人有的被炸死,有的被炸伤藏到床下。但第二颗手榴弹没扔好,被窗棂挡在外面爆炸了,接应部队和挺进队都有人负伤。

赵树森带着接应部队从梯子上下房,被日本伍长船户发现。船户从屋里冲出来,从另一个梯子往房上爬。挺进队员张守恒手疾眼快,"呼!呼!"两枪,船户从梯子上滚了下去。听到房上、院里的动静,挺进队员们纷纷起床。

与此同时,杨玉生找到副大队长王振东,说太行区派人来接,让其拿出钥匙打开大门。庞绍斌指挥各队集合,找门板抬着伤员一块儿走。因为事前没有召开领导会议,多数人没有思想准备,加之起义在夜晚,接应部队和起义部队搅在一起,开始有点乱。杨玉生便登上梯子喊话指挥:"挺进队不要乱,小日本快完了,挺进队的日本人也被我们消灭了。今天我们集体起义,八路军大部队来接我们,村口、山根都有人等着接应。大家不要慌,各带各的武器,推着自行车,按班集合整队,跟着部队走。有车子的骑车走大路,没车子的走小路。二小队随我抬伤员。"于是挺进队员们在庞绍斌、杨玉生、王惠民三个小队长的带领下，人不下鞍，马不停蹄，离开于底，直奔太行。第二天早晨，等太阳升起的时候，特别挺进队的80多人、80条枪都拉回了太行根据地。太行一分区为他们举行了欢迎会和庆祝会。

就这样，日军特警队"以华治华"经营一年多的兴亚工作队覆灭了。特别挺进队确实挺进到了八路军根据地，但它却变成了一支抗日的武装。这在日军所谓的模范治安市——石家庄犹如一个晴空霹雳，使日伪政权下的汉奸走狗胆战心惊，也为日本侵略者敲响了丧钟。

十二、黎明前的黑暗

1. 濒临死亡的病人

越是接近胜利,越是艰难困苦。1945年春夏,中国人民的抗日战争已由局部反攻逐渐转入全局的大反攻。日本军国主义已是强弩之末,但仍在苟延残喘。而关在战俘集中营的战俘们仍然在生死线上挣扎。张子元领导的地下工作小组仍然利用工作之便,挽救难友,保护同志,做着力所能及的努力。

一天,王凤到普通班了解情况时,阎太英告诉他普通班有个姓袁的可能是根据地的重要干部,理由是此人同其老师关系很熟,而其老师是老党员,是八路军的干部。王凤问此人在何处,阎太英说患病住进病房了,于是王凤就到病房一个个去找。

战俘营有三栋病房:轻病房,重病房,隔离病房。说是病房,实际同战俘劳工监室一样,也是木板、铁皮、苇席搭成的简易房子;不同的是,病房和厕所一样,为了消毒杀菌,地上撒了厚厚的一层石灰,病人同样躺在木板通铺上,有的能铺条褥子,有的连褥子也铺不上。入病房也得不到什

十二、黎明前的黑暗

么照顾,只是不让再外出劳动。实际上,战俘营的病人身体虚弱,根本无法劳动。由于战俘营人满为患,无医无药,得不到治疗,不少人患了病也不敢吭声,害怕被送进病房。不少人都是由轻病房转到重病房,再被转送到隔离病房,最后被送进了停尸房。进了停尸房,衣服都被扒得精光,统一在停尸房烧掉,停尸房光衣服的灰就好几大堆。

王凤从轻病房找到重病房,一个一个地查看,一个一个地打问,最后在隔离病房的一间小房里发现了一个生命垂危的病人。肮脏的石灰地上放着一张木板床,床上躺着一个骨瘦如柴的人,气息奄奄,眼眶塌陷,颧骨突起,头发很长。天气很冷,他却穿了身单衣,不知患的是霍乱还是伤寒,也不知昏迷了多久,听到有人走过,他的嘴里就说起胡话:"母亲告诉我,普天下都是亲兄弟,谁是我的亲兄弟,我怎么一个也看不见呀……"

王凤听到这话里有话,似胡话又不像胡话,就蹲下身子,对着这个重病人问道:"你叫什么名字?"

病人微微睁开眼看了一下,然后有气无力地说道:"袁放。"

见此人正是自己寻找的人,王凤便详细打问:"你是哪里人?"

"山西人。"

"你是干什么的?"

"做买卖的。"

"日本人为什么抓你?"

· 219 ·

"不知道。"

"你有什么要求?"

"我想回家见妈妈。"

"你几天没吃饭了?"

"不知道。"

"想吃饭吗?"

"想喝水。"

王凤看了看对方干裂的嘴唇,知道此人发烧缺水,便到伙房弄了点热水让其喝下。病人似乎有了点生气,王凤说了几个晋察冀区的领导姓名,对方说认识,再问是什么关系,对方不是说同学就是说朋友,但自己的真实身份却没有暴露。王凤知道对方还不相信自己,没有再问下去,只是安慰了几句:"你好好休息,待会儿我让人给你弄点饭,要想回家就得把身体养好。"对方回了一句"谢谢你"。

当时,张子元不在石家庄,王凤就紧急求见地下党负责人王子兴。两人在同和裕药庄秘密会面后,王凤说了见面的经过,又说了自己的看法:"我觉得此人很可能是晋察冀领导机关的,不及时治疗,恐怕活不了几天了。"王子兴听了王凤的汇报,说道:"你的分析很对,袁放可能是我们的人,不管他是与不是,第一步先要救活他,设法给他换个地方,找点药,从生活上给予照顾。"

"这个我可以想办法,但要弄清他的身份却不容易。"

"要搞清他的身份,就得取得他的信任,我看你不妨把身份暴露一下,告诉他点实底,让他说出真情,他若是同志，我们就营救他；他若是敌人，我们就干掉他，对付一个濒临死亡的人，我看没有多难。"

"那好，我回去就办。"说着两人告别，分头离开同和裕药庄。

王凤回到战俘营，找了点食品和水，急急忙忙奔向隔离病房。袁放听到有人走动，又开始重复他那"普天下都是亲兄弟"的胡话。

王凤立即接过去："老袁，我就是你的亲兄弟，我就是你的朋友，你跟家里有什么话说，有什么信件，我可以帮你捎到，快坐起来，先喝点水，吃点东西。"

袁放睁开眼睛看了看，是上次看望自己的朋友，便顺从地喝了点水，然后问道："你是谁？为什么要救我这个快死的人？"

王凤坦诚地说："我叫王凤，原是冀中十分区的党员干部，五一'扫荡'被俘，被日军送到战俘营，去年成立劳工训练所，我被解除俘虏号码，变成准职员，在所里干些杂事。我同市里的地下党有联系，你有困难我可以帮你，但我问你话，你要对我说真话。"

袁放从与王凤的几次接触，已看到他不像汉奸，又听到他这样大胆地暴露了自己的身份，觉得是可以信赖的。他想着，自己一个快死的人，说出真实身份也无所谓，于是眼里流露出信任的目光："你问吧。"

王凤接着说："这既不是过堂，也不是侦察，我是想弄清你是不是我们的同志，如果是，我将设法帮助你，请你告诉我,你是不是八路军干部?"袁放点点头。

"你是不是共产党?"

袁放又点点头。

"你被捕前在根据地担任过什么职务?"

袁放简单地说了两个字:"县长。"

王凤知道一下不可能了解太多:"说到这儿就够了,别的以后咱们再谈,从现在起你要听从我的安排,我将尽最大的力量帮助你,你也要增强信心,先治好病,然后想办法走出战俘营。"

为了救治袁放,王凤找了不少同志,想了不少办法。副所长张子元不在,他就找到被俘的共产党干部、二部部长傅充间,瞒着日本人把袁放从隔离室弄出来,转到重病室。又找到被俘的八路军医生和卫生科的医生,让其弄药给予治疗,把袁放从死亡线上拉了回来,用实际行动取得了袁放的信任,袁放终于说出了自己的真实身份和被捕经过。

2. 派往上海的特使

袁放又名袁少川,真名员宪千,山西平陆人。1932年参加革命,给程子华当过秘书,1944年在晋察冀一专署郭代县当县长。老领导程子华给地委来信,调他到晋察冀分局社会部工作,社会部部长许建国派他以华北八路军代表的身份,到上海做联络工作。

接受这一特殊使命,他就在根据地进行了认真准备。他同有关人员了解了上海的工作环境和生活习惯,背熟了通信联络的密码,默记了上海接头的时间、地点、暗号,就同上海来的黄先生化装上路。社会部派人把他们送到前沿交通站,交通站决定了上车路线,准备从保定北边的固城车站上车,绕北平去上海。

春节刚过,天气还很冷,员宪千一身商人打扮,脚蹬礼服呢棉鞋,身穿灰色狐狸皮袍,头戴一顶兔皮帽,两手各戴一枚金戒指。交通员化装成随身伙计提着皮箱,有时步行,有时坐马车,一站转一站把他们送到固城车站。固城属定兴县,是平汉线上一个小站,旅客不多,行人稀少,员宪千这身打扮在这个小车站非常显眼,在等车吃饭时碰到敌人查店,被特务队盯上了。一个便衣特务凑上来,和他套话。

"去哪儿?"

"天津。"

"从哪儿来?"

"阜平。"

"阜平,听你说话不像河北人。"

"对,我不是河北人,老家是山西,到阜平是做买卖,弄点大枣核桃山货什么的到天津卖,赚点辛苦钱。"员宪千已察觉来者不善,就按事前编好的话应付着。

当时的特务队最希望碰上员宪千这种打扮的人,如果是共产党,抓住可以请功领赏;如果不是共产党,就扣上共产党的帽子吓唬一下,也可敲诈一笔款子,每人分点好处,因此哪肯放过这个机会:"阜平那可是个土匪窝,共产党就不管你,让你随便来随便去?"

"共产党那边物资奇缺,盼着买卖人多去呢!"

"不对吧,像你这样的阔老板、资本家,共产党会放过你?八成你是八路军的采购兼探子吧!"说到这儿,一下拥上来几个特务拔出枪对着员宪千:"走,跟我们去一趟。"

特务们不由分说,连拉带扭把员宪千抓到固城车站炮台,一遍一遍地拷打审问,让他老实交代,但他打死也不承认是八路军。送行的交通员告知了地方党组织他被捕的情况,地方游击队为了营救他,把炮台小头目的家属抓了出去,要求用员宪千交换。这样一来,更加引起敌人的怀疑,非但没有放他出来,反而将他打得皮开肉绽,很长时间不能走路。他想到执行任务是不可能了,就在敌人让他"放风"时,把藏在棉袄里做活动经费的几两金叶子拿出来,偷偷埋在炮楼附近。

因为员宪千宁死不招,再关下去没有意思,敌人就以共产党嫌疑犯为由扣了他的金戒指、皮大衣、皮箱等东西,把他送到石家庄战俘营。

员宪千的身体本来就虚弱,进战俘营后又用冷水消毒,收掉棉衣,给他一身单衣,因此到普通班不久就患了重病,发高烧,说胡话,这就是王凤在隔离病房见到的情景。

员宪千把真实身份告诉了王凤,王凤立即向王子兴做了汇报,王子兴立即向根据地报告,请组织调查是否有此人被派往上海。

不久,根据地来信:"确有此人,赶快营救。"于是王子兴又找王凤和张子元商量,把营救员宪千作为上级交给的特别任务，争取迅速将其营救出狱，保证其生命安全。

3. 地下党紧急营救

当时劳工训练所的职员编制已满，况且改职员需要华北劳工协会批准，所以没有可能。普通战俘出战俘营一般有三个渠道，一是外出当劳工时设法跑掉；二是敌伪机关要职员杂役时趁机出去；三是战俘营会不定期地释放一批没有多大政治问题的老弱病残战俘。当劳工、当职员，需要外边来的人要，没有机会就出不去。恰巧这时战俘营准备释放一批老弱病残战俘，于是营内地下工作小组商定把员宪千放出去。由张子元出钱，王润丰出面，请劳工训练所日本职员和日本医生的客。员宪千本来就有病，王润丰让他往脸上头发上再弄点脏土，把病装得再重点，先让中国医生将员宪千诊断为重病号，再让日本医生简单检查一下，做出病危病重诊断。经过日本职员批准，由张子元、王润丰作保，给员宪千开了归农证，予以释放出狱。出狱前，王润丰给员宪千找了几件衣服，傅充间还送了他二三十元钱做路费用。

按照安排，王润丰先出去在门外等着，员宪千拿着归农证走出战俘营大门后，在指定地方找到王润丰。两人不说话，王润丰在前面领路，员宪千拉开一定距离跟着。

由于员宪千身体虚弱，走路很吃力，走了没多远走不动了，为了不拖延时间，王润丰叫来一辆人力车，把员宪千拉到同和裕药庄。

根据王子兴的安排，同和裕的地下工作者李荫清等人已给王润丰安排好房子，人力车一到，几个小伙计立即将员宪千扶进屋里。王润丰付了车费打发走车夫，向药房掌柜的李荫清做了交代，便告别员宪千赶回战俘营。下午，王子兴来到同和裕药房，虚弱不堪的员宪千又发烧昏迷了，王子兴忙找来医生对其进行了抢救。等员宪千清醒后，王子兴做了自我介绍，又向他介绍了几个地下党员和药房的同志。

几个月的战俘营生活把员宪千折磨得人不人鬼不鬼，满身污垢，头发老长，王子兴和药房的同志们亲自动手为其理发、擦澡，还给其换了合身干净的新衣裳，想方设法为其改善生活。

为了员宪千的安全，根据王子兴的指示，打入警察署的延宝珍时刻注意着警察署的动态，还经常在同和裕药庄附近的街道胡同巡视，看有没有便衣特务在此活动。听到敌人查户口、搞搜查就提前打个招呼，暗中进行保护，还自己花钱请石家庄有名的中医郭可明为员宪千治疗，使其身体逐渐恢复。两个月后，根据员宪千的要求和身体状况，石家庄市地下党把他送出市区，送回晋察冀根据地冀晋区。

员宪千也没想到，在敌人盘踞的虎穴狼窝还有这样一个安全岛，还有这么多素不相识的革命同志关心着他。从冷酷的战俘营病房到温暖的地下党药庄，从死神的召唤地回到充满希望的人生，他真正看到了抗战胜利的希望，感受到了革命大家庭的温暖，心里有说不出的感激。44 年后的 20 世纪 80 年代，当笔者来到担任大连市副市长的员宪千家中采访时，员宪千谈起当年从战俘营被救的情景，还是那么深情、那么激动，一再要求笔者感谢王凤，感谢王子兴，感谢石家庄的地下党。

4. 王子兴根据地受命

就在员宪千被战俘营地下工作小组营救出狱后于石家庄养病期间，抗战形势出现了重大转机。盟军飞机轰炸后，市内日伪政权人心惶惶，劳工训练所向日本输送劳工的工作被迫停止。1945年5月，伪华北政务委员会决定解散华北劳工协会及其所属各机构，有关各地劳务事宜均移交给当地政府和社会部门，劳工输送基本停止。石门劳工训练所和华北劳协石门办事处的中日职员在领到华北劳工协会的退职金后各自散去。张子元和傅充间等人积极进行了活动，想把战俘拉出去投奔八路军，但因国民党和日军勾结阻挠而未能实现。

1945年8月对于中国人民来说，是一个非同一般的年月，是一个划时代的年月。8月12日，晋察冀边区同时任命了华北8个市的市长，原冀晋区党委副书记王昭被任命为石门市委书记兼市长，马龙任命为市警备司令，张雨初为政府秘书长，齐文川为公安局长，同时在冀晋区地方部队临时组建4个团开往石家庄附近，准备对石门日军受降。

就在这时，被王子兴营救的员宪千回到根据地，把王子兴和石家庄地下党的情况向王昭和晋察冀军区有关领导做了汇报。为了做好石家庄的受降工作，晋察冀公安局副局长张国俭给王子兴和张子元写了封信，让王昭转交王子兴，要求王子兴领导的地下党组织接受王昭领导，集中力量统一指挥，配合我军的受降工作。

8月15日，日本政府宣布无条件投降，但日军却封锁消息，敌占区的人民并不知道。

8月16日，王昭率领新组建的石家庄党政军机关逼近石家庄近郊，在西三庄、大马村一带集结办公。临时组建的武装部队包围了石家庄的日伪军，并接收了敌人防护壕上的第二哨卡，随即通知市内地下工作者，积极做好武装受降的准备。

8月17日，王子兴在柳辛庄河渠工程处接到上级通知，让其同张子元于当晚8点到大马村石门市政府临时办公地接受任务。因张子元还在市内，时间来不及，王子兴便只身前往。

在八路军市政府临时驻地，王子兴受到市长王昭、警备司令马龙的热情接待，并让其品尝了根据地黑籽红瓤的大西瓜。王昭向王子兴介绍了国内外形势，并给市内地下党布置了四项工作任务：

第一，大力宣传八路军的受降工作，给日军造成必须向八路军缴械投降的气氛，严防敌人和一切特务分子的破坏；

第二，张贴布告，一种是以十八集团军总部名义发布的，主要是对有关领导的任命和受降工作的布置；另一种是以石门市长王昭和警备司令马龙的名义发布的，主要是安定群众情绪、维护社会秩序、保护社会财富等；

第三，散发宣传品，主要是宣传八路军抗战8年的成绩，宣传抗日根据地的城市应当由八路军负责接收，日伪军警必须立功赎罪，忠诚地向八路军缴械投降；

第四，送达招降书，根据地预先用信笺纸印好的招降书,由朱德总司令签名,专门送到日伪军政警商特各界负责人的手里或家中。

布置完任务,王昭又问:"你们地下人员有多少会打枪的?"

王子兴答:"四五十人。"

"你们有多少枪支?"

"有十几支。"

"好,你把能打枪的同志全组织起来,算做我们的地下军,交由张子元领导,一旦我们受降有困难需要武装进攻时,你们可选择地点打内应,协助进攻。枪不够,到时我们可以发枪。"听完王昭的布置,王子兴看了一下表,已是夜里11点,于是急忙站起来说:"好,我这就回市内布置。"王昭又用商量的口气说:"你晚上回市内开展地下工作,白天回这里,协助我们同日军交涉受降,好不好?"

看到领导对自己这样信任,又是商量的口气,王子兴就高兴地表示:"好!我今天晚上回去布置,明天早晨再赶回来。"说完告别大伙,带着市政府事前准备好的宣传品、布告和招降书,心情激动地赶回市内。

5. 地下军在行动

从大马村步行进市需要一个多小时,回到市里家中已经是后半夜,人们早已进入梦乡,王子兴由于兴奋,也忘记了疲劳,没有休息就去找自己的战友和同志。他先敲开本支部几个地下党小组和地下工作小组负责人张子元、王荫槐、延宝珍、边子贞等人的家门,把胜利的消息告诉大家,传达了上级的指示，布置了具体任务，让大家分头通知地下党员和地下关系。人们从睡梦中被王子兴喊醒，又听到这突如其来的消息，都不敢相信自己的耳朵，还以为这是在做梦。当看到王子兴带回的招降书、宣传品和盖有八路军总司令朱德大红印章的布告时，不少人激动地流下了眼泪。有的忘记了天还没亮，便急不可耐地去敲邻居的大门，向亲朋好友报告胜利的消息；有的为吐出压在心头长达多年的愤恨和闷气，不顾一切地跑到街头大声喊道："小日本投降了！日本鬼子完蛋了！"

不知不觉，天已大亮。王子兴向有关人员布置完任务，就出市到大马村石门接受委员会驻地参加谈判。市内的地下党员们便开始了活动，一传十，十传百，市民们很快知道了胜利的消息。尽管日伪军还把守着哨卡，占据着要害部门，人们的活动仍然受到限制和压抑，但人们脸上已开始露出笑容。相反，街头的日本士兵和日本居留民却像开水烫过的烂菜叶——蔫头耷脑，不再像过去那样神气了，代之而来的是忧愁、彷徨、失望、畏缩、沮丧。

张子元、王凤等战俘营地下工作小组同打入伪警察局的延宝珍等人利用伪职员身份，公开地找地下工作者开会研究，秘密组织地下军，准备一旦需要，配合军队打内应。白天他们走家串户，探亲访友，秘密散发传单，传播胜利消息。晚上利用夜幕贴布告。有警察身份的延宝珍在战友的配合下，先到警察署院里转了一周，看到没有人，便从怀中掏出一份招降书，从门缝轻轻塞进伪警察署长杜葆田的办公

十二、黎明前的黑暗

室；然后又转到市政府，把一封招降书塞进伪市长管锡山的办公室；接着用同样方法又给石门商会会长等人送了招降书。等回到家，已是夜里 12 点了，地下工作者边子贞和韩俊英正在等候他。于是他又穿上警服，挎着手枪，跟着他俩上街贴布告、传单。夜深人静，街上无人，延宝珍装作夜间巡逻，为他俩站岗。在白天选好的地点和位置，边子贞拿着糨糊筒，用刷子刷上糨糊便离开原地；韩俊英走过去，从怀中掏出传单和布告卷，从上往下一展，便贴在墙上。就这样，他们在朝阳路、复兴路、正东街、新兴路几个大街和小巷连接的巷口，贴了一张又一张。在一个巷口，边子贞刚刷上糨糊，韩俊英还未来得及贴传单，忽然街口走出一个穿便衣的人，延宝珍急忙走过去呵斥道："站住！干什么的？半夜里不好好在家，出来干什么？是不是搞秘密活动的？"

来人见是一个警察，知道惹不起，急忙说着好话走开了。三人相视一笑，又继续贴着传单。经过一夜忙碌，王子兴带回的传单被新组建的地下军全贴完了，他们自己还写了些简易传单和标语。虽然很劳累，但都非常高兴。王子兴从市外回来，看见大家的热情这样高，成绩这样大，就代表党组织鼓励和表扬大家，又让他们到日本居留民住处了解日军的动向，做日本居留民的工作，让他们找日伪机关制造舆论，主动向八路军投降，为我军进城做着准备工作。

市内的宣传工作进行得很顺利，朱德总司令的布告刚贴出去就吸引了很多人。有文化的高声念，没文化的听人念。

虽然伪军和警察看到就撕，但他们撕下来又自己偷偷地看，看看到底共产党和八路军对他们是啥政策。基层敌伪人员是这样，上层敌伪人员更是惶惶不安。等伪市长管锡山、伪警察署署长杜葆田早晨一上班看到门缝里塞进的招降书时，无不为之心惊胆战——戒备森严的市政府和警察署，共产党怎么能闯进来？市长管锡山让杜葆田加强市政府的安全保卫，杜葆田认为警察署也不安全。虽说是共产党的书信和宣传品，他们还是看了一遍又一遍。将来中国是谁家天下，下一步该靠谁？自己当了这么多年汉奸，人家能放过自己吗？日本人不管了，自己的出路得自己想，真不知该怎么办。他们就像热锅里的蚂蚁，这走走那转转，既想了解共产党的情况，又想打探国民党的消息。

比起管锡山，被人们称为"二鬼子""杜阎王"的杜葆田可坚决得多。仅1944年，他就在石家庄搞了三次大搜查。第一次是华北方面军长官冈村宁次来石家庄三天前，他就在火车站附近抓走群众10余人；第二次为了祝贺日本小矶内阁上台，又逮捕市民40余人；第三次是大汉奸王揖唐视察石家庄时，他又以行动可疑为由抓捕市民8人，施以酷刑后，送往日特务机关一四一七部队，有的被活埋，有的被杀害，有的被送往日本当劳工。他知道自己为虎作伥，残杀民众，血债累累，人民和共产党不会放过自己，所以他对共产党的宣传品又想看，又怕看。他不肯投降共产党，仍然死守着岗位，等待国民党军来接收。所以他看到屋中的招降书，第一个反应就是警察署里有暗藏的共产党，不然这宣传材料

十二、黎明前的黑暗

不会送进来,于是他找来昨天晚上值班的警察一个个地审讯,看昨天谁到过自己的办公室。他并不是怕这封信,而是怕群众打自己的黑枪。越是查不清、审不出,越是觉着眼前的人都有可能是八路军、共产党。于是他在警察署里开始了秘密清查。不过他还没同国民党人员接上头,对广大群众还未敢采取行动,因而地下军的活动仍然很活跃,但王子兴陪同八路军代表同日军的接收谈判却并不顺利。

驻石日军表示愿意向八路军缴械投降,但需要蒋介石的手令,而蒋介石却不准八路军受降。双方交谈了多次,没有结果。日军只答应给八路军500支枪和数千发子弹,不肯把防务交给八路军。晋察冀军区原准备集中10个团在王子兴、张子元组织的地下军配合下,武装解放石家庄,后由于党中央改变了战略方针,向南防御,向北发展,抽调华北大批部队挺进东北,八路军放弃了武装解放华北几个主要城市的计划。八路军石门市政府撤回根据地,改编为石门城市工作委员会,继续进行秘密工作。在受降活动中,暴露身份的王子兴、张子元等地下工作者先后撤离石家庄。王子兴带一部分人到冀晋四地委石门工作委员会工作,张子元带一部分人到冀中十一地委敌工部石门联络处工作。在离开战俘营时,张子元小组趁机把一些解除俘虏号码的管理人员以回家探亲的名义放走了,并把由地下工作小组和市内地下工作者组成的"地下军"改编成石门郊区游击队,继续留在市内和市郊活动,侦察敌情,收集情报,瓦解敌军,为石家庄的解放做了不少工作。

图30 石家庄地下党负责人、省建委主任王子兴在纪念会上为年轻人忆历史,讲传统。图右前握笔提词者为王子兴(何天义研究室征集图片)

十三、石家庄战俘在东北

1. 所谓特殊工人

石家庄战俘营向外输送劳工,开始是向石家庄西部的井陉、正丰煤矿和华北各地的矿山、铁路、军用仓库输入。等这些地方的劳工饱和后,华北方面军开始向东北及所谓的"满洲国"输送劳工。

东北是我国重要的能源基地,重工业有一定基础。日军占领后,为大规模掠夺中国的资源,并把东北建成侵略全中国及苏联的军事基地,先后制订并推行了"产业开发五年计划"和"北边振兴计划"。日军要完成这两项计划,需要数百万劳动力,仅靠东北的劳动力根本无法解决。于是,主宰东北的关东军"鉴于入满工人的锐减,于满洲的国防建设以及生产力扩充计划有造成严重障碍之虞",于1941年4月5日,同日本驻华北方面军达成了关于紧急动员工人入"满"的协议,其核心是"将讨伐作战及随之而来的政治工作同工人募集工作紧密联系起来",即以战斗手段获得工人,强迫战俘和被捕的其他商民服劳役。同年9月30日,伪华北新民会根据华北方面军的指示,在华北地区一

· 235 ·

手包办特殊工人的供应，并制订了《特殊工人的劳动斡旋工作计划》，把作战抓到的俘虏，军、政、宪、特各部抓捕的所谓"嫌疑犯"，妨碍伪新民会工作的人等，都作为"特殊人"或"特殊工人"送往东北。

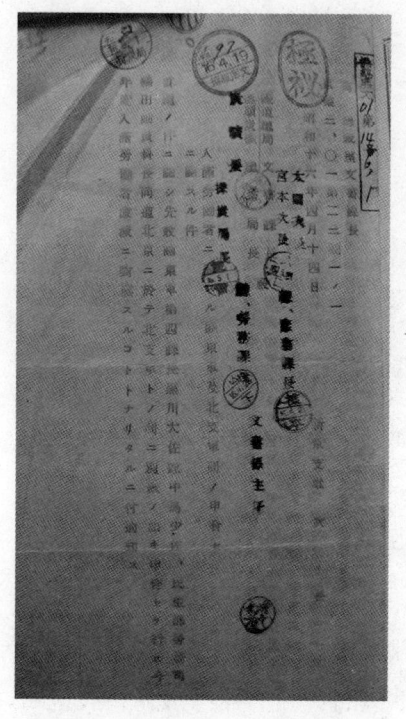

图31 关东军与华北方面军关于向"满洲国"提供劳工的协议（何天义研究室征集图片）

1942年2月9日，伪满民生部公布了《劳动者紧急就劳规则》和"行政供出"办法，把华北的战俘和从根据地抓来的中国民众作为特殊工人押送东北。1942年6月20日，伪满民生部长源田松山主持召开了日伪军政各部门代表参加的会议，决定将特殊工人分为辅导工人和保护工人，并审议了《辅导工人管理要领》，规定作战俘虏人员和抓捕的党政人员为辅导工人，其他特殊工人为保护工人。辅导工人要在伪满洲国民生部指定的工矿业和特殊工程服劳役两年后才能改为普通工人。实际上，没有逃走和死去的特殊工人都是无限期的服劳役。据《伪满洲国史》记载，送入东北的特殊工

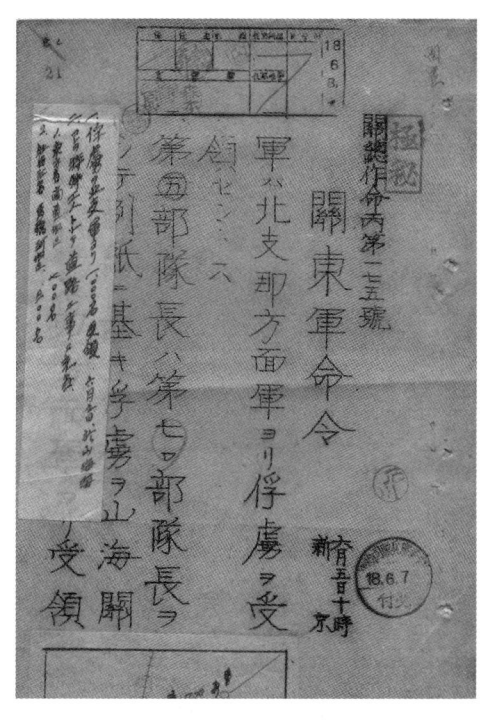

图32 关东军司令部关于接收华北特殊工人的命令之一，接收1 000人分转东宁、牡丹江（何天义研究室征集图片）

人每年有10万人左右。据日方调查资料统计，石家庄战俘集中营从1941年底到1942年底，一年间送出劳工11 094人，其中直接送往东北的约9 586人，加上1943年送往东北的劳工，石家庄最少送去15 000余人。主要去向是抚顺、本溪、阜新、鞍山、弓长岭、鹤岗、北票、眼前山、八家子、兴凯湖、虎林等地。

图33 伪满运送战俘劳工的专用车辆（何天义研究室征集图片）

仅阜新一地的调查，石家庄于1941年送去5批约800人，1942年送去7批约1 700人，1943年送去3批约700人，共约3 200人，占阜新矿特殊工人的1/3。这些特殊工人遍布满炭阜新矿业所的新邱、平安、五龙、高德、太平、孙家湾、城南、八道壕等矿山。

1942年春，为完成"北边振兴计划"，加速中苏边界的军事工程，关东军又从东北各地调去大批劳工，到"东满"和"北满"的虎林、兴凯湖、东宁、东安、永安等地修筑军事工程，仅阜新矿就调去3 000多名特殊工人。11月严冬来临时，天寒地冻不能施工，饥寒交迫的战俘劳工多次要求，日军才把这些人又调到抚顺、本溪、辽阳等地的工厂、煤矿继续服苦役。仅关东军东满所属14支部队就向抚顺炭矿移交了5 264名特殊工人。这些特殊工人又被分配到大山、东乡、老虎台、万达屋、南山、龙凤、搭连、老头沟等十几个矿山。这其中有相当数量的特殊工人是石家庄送去的战俘劳工。

图34 日本的中国人强制连行思考会、旅日华侨中日交流促进会、悼念亚太地区侵略战争殉难者刻骨铭心会同石家庄党史研究会合作编印的《日军枪刺下的中国劳工》（何天义研究室拍摄）

2. 对战俘的野蛮奴役

旧社会的中国煤矿流传着一句话："人间地狱十八层，十八层下是矿工。"战俘劳工的遭遇比一般矿工更苦、更累、更惨，处境和囚犯所差无几。押往东北时，绝大多数人坐的是闷罐车。火车铁门上锁，战俘劳工们在车内吃饭、睡觉、大小便，空气污浊，条件恶劣，赶上火车换头加水加煤，有时一停就是两三天。走走停停，从华北到东北有时要走十天半月，不等到达目的地，就死去好多人。夏季，车厢内闷热，碰上传染病流行，大批劳工死亡。冬季，严寒饥饿同时威胁着他们，途中死亡的劳工也为数不少。一年冬天，有一闷罐车皮的战俘劳工被甩在一个车站的叉道上，车门上锁，劳工出不来，又没人过问，过了两天开门看时，已全部冻饿而死。

各工矿对特殊工人都有一套严密的管理机构和管理办法，动不动就对特殊工人实行"武装强制监视措施"。拿抚顺炭矿来说，为了奴役特殊工人，抚顺宪兵队分遣队抚顺警务处和炭矿之间，交换建立了合议机关备忘录，并制定了《特殊工人防谍措施内部规定》《特殊工人防谍措施纲要》，运用合议机关设立防谍网，监视特殊工人，在主要交通路口、车站设置检查网，派有警卫人员把守，采取"昼夜轮班制"。抚顺炭矿在抚顺地区的周围16处派驻了警卫和移动防止员。特殊工人一进入矿山，就受到严密的监视和奴役。

战俘劳工到矿山后，日伪当局首先进行身份调查，取指纹、照相、登记注册，把他们像犯人一样看管起来，上下班有武装人员押送。战俘劳工没有人身自由，来往的书信包裹也要经过严格的检查。特殊工人住在与普通工人隔离的大房子和"纳工屋"里，四周有壕沟、围墙、铁丝网、电网。"纳工屋"四壁透风，阴暗潮湿，几十人挤在一个大铺上，连翻身都困难。住房肮脏不堪,夏天苍蝇蚊子四处乱飞,跳蚤臭虫咬得人们难以成眠。有的把头怕劳工逃跑,还规定了裸体大小便制度,白天上厕所不准穿上衣,夜间上厕所只准穿短裤。瘟疫流行时,病轻的不给治,病重的往外抬,本溪劳工当时流行一句话:"相谈所挂号,南天门报道。"(相谈所即卫生所,南天门即埋尸体的乱葬岗子)凡从大房子抬出的病号,十去九不还,名曰"隔离治疗",实则推出等死,有的尚有呼吸即被埋。

特殊工人的伙食主要是高粱米,很少见到白面,后来干脆是掺橡子面的窝窝,很少吃到青菜,能吃点咸菜就不错,饿不死,也吃不饱。但他们所从事的劳役,劳动强度最大,条件最为艰苦,环境最为恶劣。在井下从事一般人不愿干的采炭、掘进、支柱、线路工种,规定每天劳动12小时,有时干了16小时也不让升井。加之日伪当局推行"人肉开采"政策,要煤不要人,采用堆积式、房柱式等掠夺采煤方法,工人安全没有保障,冒顶、片崩、透水、瓦斯爆炸等事故不断发生。

为了镇压特殊工人的反抗,日伪政权又成立了"矫正辅导院""工人辅导所",对进行反抗的特殊工人施以暴行。或关押刑讯,或变成"囚犯矿工",戴着脚镣干活。不少人因营养不良、劳累过度,患了水肿病,含怨死去。当时特殊工人中流传着"辅导院是阎罗殿,进去容易出来难","含冤进牢房,屈身牛马当,苦役随日转,早晚一碗汤,杀人不见血,活活见阎王"。被折磨至死的工人,扒光衣服后被扔在死人仓库里，攒够一车，像拉秫秸一样垛着拉到万人坑扔掉，有的尸体被耗子啃得不成模样，有的断臂缺腿、惨不忍睹。

在苦役中，战俘劳工的生命没有保证，政治上没有自由，经济上又被盘剥。日方为了使特殊工人囊空如洗，寸步难行，无法逃走，采取现金强制储蓄制度，每月只发极少的工资，连饭钱都不够。拿抚顺的特殊工人举例，名义上井下作业者日平均挣1元8角钱，其余岗位1元6角，而实际上每天只能得到5角钱的饭票。工人持这种饭票只能在满铁经营的卖店购买主副食和日用品，其余的钱被强制储蓄，只将每月纯收入通知本人。必需的款项须经队长批准，才能从储金中支出。实际上，特殊工人的纯收入只是炭矿账簿上的数字符号，而且要被大小把头和监工克扣。

由于特殊工人的生活条件极差，所以死亡率很高。特别是在兴凯湖、虎林、密山等中苏边境服劳役的特殊工人，死亡率更高。那里没有房子，也看不到老百姓，只有被日寇烧毁的残垣断壁和村落遗址。战俘劳工只能砍树割草搭窝棚，伙食比煤矿还差。工人肚子饿了，只能到林子里采野蘑菇，或下水坑抓小鱼充饥。日军怕泄密，有的工程完毕，竟惨无人道地把劳工集体屠杀。

1943年从阜新去的3 000名战俘劳工，只活着回来600人。据阜新矿日伪资料记载，1941—1942年3月，特殊工人死亡1 030人，1943年1—6月死亡1 154人，加上到"北满"、"东满"死亡的2 000多人，1941—1945年阜新矿共死亡特殊工人

十三、石家庄战俘在东北

图35 战俘劳工在"北满"住的草席窝棚里,过着牛马不如的生活(何天义研究室征集图片)

4 000多人,死亡率高达50%左右。从石家庄战俘营到本溪的雷鸣小队,去时80人,到日本投降时,只剩下8个人。本溪的茨沟、柳塘两大矿区,死亡者也将近半数。1942年4月26日,在本溪煤矿发生的截至当时世界上最大的一次瓦斯大爆炸中,仅特殊工人就死亡276人,在东北的各大煤矿,几乎都有一两个掩埋工人尸体的"万人坑"。

3. 战俘劳工的反抗斗争

非人的生活、繁重的劳役、恶劣的环境、无辜的杀害和瘟疫的流行,时时刻刻威胁着战俘劳工的生命。但敌人虽俘虏了他们的身,却征服不了他们的心。战俘劳工们靠集体的力量同敌人进行了一次次斗争,而领导和组织这些斗争的核心是劳工队中的共产党员。

反抗斗争的形式，主要有几种：

（1）怠工。当时叫"磨洋工"，这是战俘劳工对付敌人最常用、最有效的手段。他们认为"多给鬼子干一点活，鬼子就可能多杀一个同胞""多给敌人挖一锹煤，多干一小时的活都是耻辱"。因此，他们软磨硬泡、出工不出力，一小时的活能磨一天。有时干活派个放哨的盯着监工。监工来了就干，走了就歇着。

（2）罢工。罢工多半是日伪人员打了劳工，不许其休息，不让其取暖或任务过重等引起的，工人便用罢工开展"争人权反打骂"的斗争。有时也利用日伪人员间的矛盾，让大把头处分二把头，或趁把头打工人拉架之机教训把头。本溪柳塘矿的特殊工人还把一个很坏的日本监工打死后埋进矿井，让敌人活不见人、死不见尸，吓得单个日本监工不敢下井。柳塘矿特殊工人为了少吃橡子面，曾开展"争生存"的绝食斗争，迫使日方给工人增加了苞米面，改变了全吃橡子面的状况。抚顺矿一个日本监工打了特殊工人，战俘劳工们扔下工具在地上静坐，停止生产，日伪管理人员怕把事情闹大了影响生产，不好向上级交代，不得不赔礼道歉。抚顺龙凤矿特殊工人在马振林等10余名共产党员带领下，先是砸戏园子，惩办日伪管理人员，接着又组织了千人罢工，上街游行，强烈要求"增加工资吃饱饭，不准打骂工人"等，迫使日方答应了一些工人的条件。

（3）破坏。即破坏设备，制造事故，造成生产停顿，直接削弱侵略者的战争实力。战俘劳工在劳动中故意松动井下铁轨道钉，使运煤车翻车，割坏生产运输皮带，使机器不能转动；破坏电线电缆，影响通电通风；往煤车下面装矸石，或制造跑车事故；有的还人为地制造冒顶事故，造成掌子面几天不能采煤，把"大出碳"变成"不出碳"；修路时不按规定比例配料，冬天用雪填路基，表面上撒一层土，造成路基不牢。抚顺、阜新、本溪的特殊工人都制造过多起煤车脱轨、生产停顿的大事故。

（4）暴动。即组织战俘逃离牢笼。逃离牢笼是战俘劳工的共同愿望。开始是单个人逃跑，有的把跳板晒干放在电网上跃网逃跑；有的藏在运煤的翻斗车里逃出矿区。跑不掉的被抓回来毒打一顿，有的被押进"狗洞"饿死。后来，党员们就秘密组织有计划的逃跑，有的矿区还组织了集体暴动。石家庄特别支部的宣传委员刘亚龙等人，在本溪矿成立了柳塘特殊工人共产主义领导小组指挥部，曾秘密制订暴动计划，起草了《告本溪人民书》，印制传单，收集枪支，准备暴动成功后上山打游击。正当计划顺利进行时，机密泄露，刘亚龙等6名负责人被敌人抓捕杀害。

1943年9月，石家庄"六月特支"的负责人李振军、朱韬成立的"新邱特支"，在阜新矿支持并参与组织了"新邱暴动"。几百名战俘劳工在夜间暴动，用砖头、木棒同敌人的步枪、机枪搏斗。阎锐、王志光等60人逃离虎口，多数人被敌人镇压，暴动组织者、队长刘贵，副队长支委崔溯源等被敌人杀害，其他250余人被关进"海州工人辅导所"。后来除被"塞北支部"救出 50 余人外,其他人都死在狱中。这次暴动是抗战时期伪满洲国最大的一次劳工暴动,虽没有完全成功,却鼓舞了阜新八大矿的劳工,振奋了阜新城乡的人民群众(关于新邱暴动的情况,请看本丛书中的《战俘营的"抗三"》)。

图 36　阜新煤矿万人坑遗址碑(何天义研究室征集图片)

在几次暴动失利后,党支部及各地劳工队总结经验教训,用"长流水"的办法,使大家分批分散逃离矿山。据敌伪资料供认,1941 年 3 月—1945 年 5 月 27 日,阜新特殊工人(辅导工人)逃走 3 049 名,逃亡率高达 49.3%。抚顺矿的逃亡人数则更多,1942 年到抚顺矿的劳工 6 253 人,当年逃亡 1 697 人,逃亡率为 25%;1944 年第二季度逃亡 8 338 人,第三季度逃走 8 864 人,加上被追回来的 2 556 人,半年时间逃亡约19 754人。

4. 大反攻时的武装斗争

1945年春夏,日军在太平洋各战场节节败退,战败已成定局,东北各矿山对特殊工人的管理已不再像过去那样严密,所以各地工人多次组织集体暴动。鞍山八家子矿特殊工人100人集体逃离矿山,眼前山矿的200名特殊工人带领2 000名普通工人暴动逃离矿山。

1945年8月8日,苏联对日宣战,苏军进入东北,消息传到矿山各地,特殊工人中的秘密支部和被俘党员自动组织起来成立了队伍。被关进监狱的特殊工人砸坏铁锁,打开牢门,冲出虎口。

在鞍山,特殊工人自发组成"鞍山保安第一旅",人数达6 000人。对维护社会治安,保护工矿做了很大贡献,并为我军接收鞍山创造了条件。

在抚顺,老虎台煤矿的400名特殊工人成立了"抚顺治安大队",后改为"东北人民自治军";龙凤矿、栗子沟等矿的特殊工人组织起来保护矿山,维护治安,后编成我十六军分区炮兵团;龙凤矿的另一支特殊工人队伍成立"工人自卫大队",后同东乡、大山等矿联合,开赴沈阳,组建了十六军分区二十一旅六十一团。

在沈阳,特殊工人拉起四五千人的队伍,编为十六军分区特务一团。

在本溪茨沟、柳塘两矿,全体特殊工人及部分市民组织千人集会，正式成立"工人纠察大队"，收缴铁路警察和煤铁公司枪支千余支，后被编为二十一旅六十二团，队伍发展到6 000多人。

在阜新，八大矿特殊工人先后成立护矿队，并以劳工为主体组建并扩充了十六军分区第六十四团、第六十八团和第三十旅。

在辽阳，从北满调回来的特殊工人先成立了"辽阳独立大队"，经扩充达几千人，后编入十六军分区独立团。

日军投降后，我军在东北之所以能用很短的时间扩军几十万，与东北各工矿的数十万战俘劳工密切相关。

从某种意义上说，战俘劳工以及战俘劳工中的特别支部和共产党员，为东北的解放发挥了一定的作用。从石家庄战俘营到东北的一些战俘劳工党员，后来都成了东北野战军的骨干，不少人重新走上了领导岗位，有的还担任了团、师、军以及兵团级的领导，为解放战争和革命事业做出了重要贡献。

十四、石家庄战俘在日本

1. 掳往日本的石家庄战俘

随着战线的拉长、战场的扩大，日本本土的劳动力急缺，于是在日本企业的呼吁下，日本政府从1942年开始制定了一系列关于引进华人劳工到日本的方针政策，并开始了日本强掳奴役中国战俘劳工的罪恶活动。

1943年，日本官方制定的《华人劳务者内地移入要纲》开始执行，日本当局从中国输送劳工的试验移入正式拉开序幕。仅1943年就向日本试验输送战俘劳工1 420人，从1944年元旦开始，便正式大批向日本输送战俘劳工。而石家庄战俘营则是向日本本土强掳战俘劳工最早最多的战俘营。据打入战俘营的地下工作者、石门劳工训练所副所长张子元等人回忆，1944年直接送去的劳工有20批，有7 500—8 000人。由石家庄先送到北平战俘营和塘沽战俘营，再转送日本的有2 000多人，此外，华北劳工协会石门办事处在市内和各县连骗带抓，抓了一些中国百姓送到石家庄八条胡同集中，然后直接押到海边码头交给日方。这部分人有几批，有多少，没有找到文字记录。据石门办事处职员周文斌回忆，仅1944

年送往塘沽的七八批就有七八百人。据被抓劳工何之义回忆，同他一起被抓的那批有290人，上下火车时，每4人捆成一串，待遇比战俘劳工还差。初步计算，由石家庄直接和间接送到日本的劳工，估计在万人以上。

据日方资料记载，1943年7月至1945年日军投降前，日本政府从中国抓捕强掳劳工押上轮船的人数为38 939人。加上上船前因饥饿、疾病、迫害致死和失踪的2 823人，日本强掳的中国劳工应为41 762人。从石家庄战俘营强掳的战俘劳工占整个赴日劳工的1/4。赴日劳工被分配到开矿、采掘、土建、港运、造船等几大行业的135个事业场。石家庄战俘劳工主要分布在北海道、长野、鹿儿岛、石仓、林润野、大阪、福冈、岐阜、秋田、留萌等地数十个事业场。

2. 强掳东瀛的悲惨遭遇

赴日劳工同到东北的战俘劳工一样，都受着非人的待遇和牛马般的奴役，所不同的是远在异国他乡，面对大海，举目无亲，加之语言、生活习惯不同，想逃逃不走，想回回不来。亡国奴的苦难比在国内更沉重，劳工们一登上轮船就像跨进了另一个地狱的大门。有的劳工同货物一块被关在又脏又臭、闷热潮湿的船舱里。海上行船快时六七天，慢时半个月。日本人只配给很少的食物和水，加之劳工晕船呕吐，很少进食，不少人患病不给治疗。连病带饿，没有到日本，就死了不少劳工。死后，立即被日方押运人员扔进大海，连个姓名也没留下。有的战俘劳工不堪忍受，绝望至极，或撞死

图37 石家庄战俘营战俘劳工被押往火车站，送往日本服苦役（藏本厚德拍摄，上羽修提供）

在船舱里，或跳海而亡。

到日本后，中国劳工的住所叫"华工寮""兴亚寮"，多数是临时用木板搭成的简易房，没有窗户，四面透风，遮雨不挡风，夏天闷热，冬天寒冷。房内大多是上下两层的大通铺，铺的是草席子，被褥很少。有些房屋冬季没取暖设备，冬天一到，风雪无孔不入，有时早晨醒来，被子和头发上全是雪霜。由于小房子成了冰的世界，劳工们只好挤在一块儿蜷缩着相互取暖。劳工住地都有高高的围墙，有的还架有电网。多数门口有武装警卫站岗，未经批准或没有日本人带领，不能随便出入。与其说是劳工，不如说是"囚犯"，没有一点儿行动自由。

劳工的饭食中很少见到大米、白面，多数是稻米糠、玉

图38　中国战俘劳工在日本三井公司三池作业场挖煤

米面、麸子面、豆饼面、橡子面、鱼骨粉、混合面。上工后每天三顿饭，每顿两三个小馒头（玉米面饼子），一碗稀汤，很少吃到青菜，更谈不上其他副食，多数人只能吃到半饱。有些作业场里，劳工生病不能干活，伙食还要减半。据日立铜矿劳工侯子元回忆："由于食用鱼骨粉，人人肛门处生出一两厘米长的线头蛆虫，有时用纸一擦一个疙瘩，奇痒难忍。"劳工劳作一天，晚上每人只给一碗稀得能照见人面孔的糊糊，大约只有一两米。人们饿着肚子干重活，身体越来越弱，一个接一个地病倒。可是一成了病号，粮食又要减少，所以不得不坚持出工。有的劳工饥饿难耐，就在上下工路上拔野菜草根吃，有的捡日本人扔掉的橘子皮、苹果核吃，但若被日本监工发现，还要遭到毒打。在花冈曾出现过烧尸劳工饿极了后，先烧老鼠吃，后来找不到老鼠而吃烧焦了的人肉的惨剧。有的劳工饥饿难忍,干活时偷吃了两个胡萝卜,被日本人打得死去活来;有的劳工因吃了一把马料,被日本人活活踢死;有的捋树叶、挖野草充饥,误吃了剧毒野草而丧生。

劳工穿的衣服基本上是去日本前在中国发的衣服,到日本后,有的作业场发过短裤褂,有的只给发块兜裆布,劳工在井下干活时,有的只围块兜裆布,有的只能赤脚光身子。冬天,劳工没棉衣穿,有的把毯子披在身上干活,有的穿草鞋蓑衣,有的把水泥袋、麻袋、草袋用铁丝或绳子捆在身上,裹在脚上,用以御寒。冬天穿着草鞋在冰雪里行走,双脚的温度使鞋上的冰雪融化,在严冬中又被冻成了冰鞋,这样冻了化,化了冻,两只脚成了两个冰疙瘩。有的劳工回忆道:"由于许多人将水泥袋裹在躯干和四肢上,成了'纸人',但若被日本人发现了,就会让他们在寒风中连衣服一起脱下,还要在山坡上罚站,冻得人四肢麻木、毫无知觉,有的甚至丧命。"不少人因衣不蔽体,食不果腹,冻饿而死。

中国劳工从事的劳作或苦役既危险又繁重,各个事业场接受日本军需省分配的任务,强迫中国劳工每天必须完成一定的产量和劳动量定额。不少劳工早晨天不亮起床上工,晚上太阳落山才收工,午饭大部分在工地吃,每天劳动10—12小时,有的长达16小时。每十天或半个月还有一个"大出日""突贯期"(工程突击日或突击周),劳动任务加大,时间加长。原三菱美呗矿业所劳务课的西村武夫曾做如下证言:"军部的命令要求出工率要达到85%,出勤的指标直接

· 253 ·

涉及粮食的供应标准，严重营养失调的人们当中，有的稍微绊倒跌个跤，就踏上了死亡的征途。"

据天盐煤矿劳工回忆，上工"推溜子"时，小车一个连一个，一上班就成了"机器人"，一刻也不能停，一停就堵车，一堵车就挨打。劳工们不论是下井挖煤、开山修路，还是到码头装卸和土工作业，都是最苦最累最繁重最危险的活。在长崎崎户煤矿做工的工人，开始从山下往山上扛石头，每次要扛六七十斤重，来回走1.5千米，每人每天必须扛完20趟，如果扛的石头轻了点，日本监工凭眼看分量不够，就算白扛。后来下井挖煤，日本人不仅每天要求干12小时，还规定每人每天必须挖够10吨煤，否则不准上井。手工作业一天挖10吨煤，谈何容易，因此不少劳工不得不延长劳动时间。井下的通风条件和安全条件极差，不少煤矿工人干活时上面淋水，下面踩水。溜巷、冒顶、透水事故经常发生。福冈大牟田煤矿因井下通风条件不好，温度太高，劳工们干活时要把衣服全部脱光，只围一条兜裆布，干一会儿活就要到洞口透透气，就这样还有不少劳工被热晕。到冬天，劳工们在井下一身汗，到井上冻得直颤，因此生病的人很多。

事业所对中国俘虏劳工的管理，主要由劳务科下设的中国股负责。日本工头和监工根本不把中国劳工当人看，叫中国劳工"苦力""清国佬""亡国奴"。监工们手中都拿着棍棒、鞭子、锤子、铁棍等，驱使劳工们不停地干活。监工们视中国劳工为俎上之物，任意宰割。在日本监工眼里，打死一个劳工就像踩死一只蚂蚁一样。中国劳工被打骂是家常便饭,有时挨打都不知为什么,听不懂日本话要挨打,报数报错了要挨打,干活儿慢了要挨打,干累了直直腰也要挨打。在矿下干活儿时,劳工们都赤身裸体,常常被日本人打得皮开肉绽,淌着血还得照样干,手脚稍微慢点又得挨打。碎煤块蹦进伤口,把血肉都染黑了,体力差、干不动的劳工自然更是挨打的对象,有的竟被活活打死。

最可怕的是传染病流行,留萌镇煤矿曾有一次黑痧病流行,劳工们上吐下泻,抽风痉挛,死亡了大半,幸存者也无力干活,煤矿处于停产状态。这批500人的劳工队,回国时只剩下142人。

据日本外务省统计,中国劳工在日本各企业负重伤1 448人,轻伤5 330人,因伤死亡322人,重伤死亡率22.24%。中国劳工在日本各企业共死亡6 830人,占被抓到日本劳工总数36 939人的18.5%。平均每5.5人就有1人被夺去了生命。在135个劳工场所中,就死亡率而言,10%以上的有57个,其中40%以上的有7个,死亡率最高的达65%。

3. 掳日战俘的反抗斗争

被强掳到日本的战俘劳工,不论在战俘营还是就劳地,不论在抓捕时还是押运途中,都进行了反抗斗争。尽管每次斗争都会遭到日本军警的镇压,但劳工的斗争断断续续,从未停止,有时还很激烈。强掳到日本后,虽然语言不通,地理不熟,但中国劳工面对凶残暴掠的压榨和迫害仍然表现出顽强的斗争精神。为摆脱苦难,他们采取了灵活的斗争方

图39 由旅美华侨中国近代口述史学会（纽约）、纪念南京大屠杀受难同胞联合会（纽约）同日本侵华战争遗留问题民间研究网何天义研究室联合采编的《二战掳日中国劳工口述史》（何天义研究室拍摄）

式，有公开的，有秘密的，有单独反抗，也有集体暴动，谱写了一曲曲激昂雄壮的抗争悲歌。

在日本的中国劳工，不屈服于日本侵略者的淫威，曾多次进行有组织的反抗斗争。根据《外务省报告书》记载：战时因"反日阴谋"被检举的事件涉及20余个事业所，它们是：鹿岛花冈、鹿岛御岳、铁建西松、间御岳、西松安野、熊谷富士、野村置户、井华别子、日矿峰之泽、日铁二懒中央、同和花冈、同和小阪、战线仁科、贝岛大之浦、三菱大夕张、三菱崎户、三井田川、播磨日浦、港运伏木、港运大阪、安治川等。石家庄战俘营战俘劳工参与的曾轰动日本朝野、影响较大的斗争有花冈、木曾谷、福冈、北海道等地的斗争。因"花冈暴动"已在《洛阳战俘营纪实》中记述，这里只简述其他几次暴动斗争。

福冈"第一华人"的抗争

在福冈三井田川煤矿有近400名中国劳工，第一批中国劳工是1943年夏天从石家庄试验移入的，被称为"第一华人"；第二批是1944年被抓去的，被称为"第二华人"。因试验移入劳工的合同期为一年，1944年初夏就已合同期满，应该归国了，日方却不允许他们走。"第一华人"便举行集体罢工，并派代表同日本矿主交涉。矿主不仅不答应他们归国之事，还以"不做工、没饭吃"为由，将罢工劳工的饭也

图40 福冈三菱矿战俘劳工合影（何天义研究室征集图片）

卡了，找矿主交涉的代表也被扣压。"第一华人"忍无可忍，就集中起来到伙房抢饭吃。残忍的日本警察和监工用洋刀将抬馒头笼屉的劳工的胳膊砍了下来，并当场劈死数人。愤怒的劳工奋起抵抗，纷纷拿起铁锹、棍棒和石块同日本监工搏斗，并用铁锹劈了几个行凶的警察。于是日方调动了上千名军警包围了炭窑，镇压了劳工的反抗，许多劳工被打死打伤，鲜血染红了福冈炭窑。事后，田川矿业所把张梦江等10人定为"主谋者"，作为"不良华工"送往北海道第一华人收容所，其他劳工又押回田川煤矿继续下窑。

图41　福冈四山煤矿安斌大队三中队合影（何天义研究室征集图片）

长野木仓谷事件

"木仓谷暴动"又称"木仓谷事件"。这批劳工是由徐强、李玉兰率领的劳工大队，1944年4月从石家庄出发，经塘沽到日本长野挖山洞修电站。木仓谷位于长野县西南部木仓山脉西侧,再往西便是与岐阜县相接的御岳山,海拔3 067米,水利资源比较丰富。日方在这里修建了一个木曾谷水力发电所工程。因工程庞大,日本军需省向这里配置了1 715名中国劳工,分别由鹿岛御岳出张所和飞岛御岳出张所负责管理。石家庄战俘营送来的劳工分配在鹿岛御岳出张所。这个出张所原定输入劳工800人,因逃跑死亡,分3批到达作业场的只有699人,以共产党八路军的战俘劳工居多。

劳工们的住地叫三岳村,房子在半山坡上,是用松树皮盖成的木板房,既不挡风又不避雨,夏天潮湿,蚊子成群;冬季寒冷,屋里结冰。吃的是山芋蔓面、大米糠和白面三合一的混合面干粮,每人每顿两个小饼子,有时给点咸菜。干的活是开山挖洞、打眼放炮、推轱辘马、装火车运石头。每天干12小时,上工下班两头不见太阳。生活之苦,如同牛马。日本警察和监工还时常对劳工进行打骂体罚。

劳工大队长徐强原是晋察冀日报社第三分社社长,被俘后在石家庄战俘营生了病,被总班长李平救下了。向日本输送劳工时,被任命为大队长,到日本后又改为指导员,原来的副大队长李玉兰担任大队长。徐强和李玉兰利用职务之便,找中、小队干部和战俘劳工谈话,发现第一批劳工队中45%是共产党八路军的人。于是,他们提出了"我们是中国人,团结起来保护自己"的口号,暗中组织党员骨干和八路军人员团结广大劳工,先后组织了多次罢工。开始是少数人"泡病号",后来发展到集体不上工,逼迫日本企业与其谈判。于是劳工干活的时间缩短了，由 12 小时减少到 10 小时，生活条件也有所提高，主食混合面增加了白面比例，数量也有所增加，疾病治疗及时了，劳工行动也自由一些了，警察和监工也不敢像以前一样虐待劳工了。

随着斗争的深入，一些斗争骨干由怠工、罢工，发展到用施工器材制造匕首、铁拐棍等自卫武器，有意识地破坏敌人的施工器材，迟滞敌人的施工进度，有的还秘密商议制订偷盗炸药、炸毁敌人发电站的计划。因为劳工的生活越来越差，大家吃不饱饭，都要求去抢日本人的仓库，在征得大队长徐强的同意后，1945 年 3 月 26 日，由王宏章带领几十个劳工抢了鹿岛的军需仓库，拿了一些粮食、食品、烟草等物品。第二天，日本宪兵和警察就到劳工队抓捕了王宏章等参加抢拿物品的劳工。劳工被抓后，大队长徐强据理力争，向出张所要人，说劳工之举是饥饿所迫。经过斗争，日方放回了一些劳工，但葛爱珍、吴绍忠等人还是以"战时盗窃罪"的名义被捕入狱。葛爱珍被折磨患病，最后死在敌人的医院。不久，徐强也被日本宪兵和警察逮捕了。原因是在八路骨干酝酿爆炸敌人发电站时，徐强也利用职务之便，到日本的发电站工地参观过几次，对发电原理和发电设备有所了解，心中萌生了破坏敌人发电设备的计划。一天，他趁敌人不注意，偷偷来到发电站工地，把敌人发电的大铁桶捣毁并推倒。大铁桶倒下后，将下面的铁管和鹿岛组的两间工房压倒，当时房间里的两个日本人也被砸死在里面。

几天后，日本出张所让徐强等队干部下山去休养，但他

图42 参加木仓谷暴动的曹竹大队归国前在日本岐阜县各务原留影（何天义研究室征集图片）

们一下山就被戴上手铐关了起来。敌人挨个审讯他们，追问是谁破坏了大铁桶，砸死了日本人。他们不承认，敌人就用棍子打，打到他们承认为止。

20多天后，敌人把他们送到长野刑务所继续进行酷刑审讯。当时天气还很冷，敌人把他们的衣服扒光，扔进院子里的大水箱中，将其全身摁在水中，人头一露出水面就用大棒打；人出水时会喊冷，敌人就在地上铺上热炭，让他们从热炭上爬过去。这种酷刑不是把人呛个半死，就是把人烫个半死。他们每个人都先后经历过两次，每次都被折磨得死去活来。除此之外，日本人还对他们施行了灌凉水、硬杠子等酷刑。日本刑务所把这次事件定为"爆破发电所计划"事件，审讯后，徐强、李玉兰、韩茂才、王鸿章、张义定、严志学、任树林、石锡阁、蒋克强、司才栋、严中发11人被冠以"违反《治安维持法》《国防保安法》以及妨碍战时生产事业"等罪名被捕入狱。就在日方要把这些人解往东京法院判处死刑时,日本宣布了投降,徐强等人才免于一死。他们出狱时已经被折磨得不成人样,走也走不动,是难友们把他们抬回劳工大队的。归队后,他们毫不屈服,又同其他劳工大队一起成立了"青年爱国团""在日同盟会",同日本当局进行了多次斗争,直到归国。

4. 战俘劳工在北海道的斗争

日本北海道地区强掳的中国战俘劳工较多,劳工死亡人数较多,劳工的反抗斗争也比较激烈。其中比较突出的就有从石家庄战俘营去的战俘劳工。这支劳工队是1944年3月去日本的,他们先在北海道干活,后在名古屋施工。劳工队里有冀南根据地杜世郁、姜化民、刘平等一批共产党员。他们在石家庄战俘营时,就成立了秘密党小组,到日本后积极扩大党的组织,党员发展到50多人,并成立了秘密党支部。他们发动和带领中国劳工同敌人进行斗争,消极怠工、破坏工具,为维护劳工利益,通过合法斗争清算了大队长欺压劳工的罪行,使劳工大队的领导权控制在党支部手中。后来,这支石家庄劳工队同济南劳工队(多数是国民党战俘)合并,劳工队中建立了抗日统一战线,团结起来一起斗争。

日本投降前夕,在日方不供应粮物时,党支部为了改善大家的生活条件,领导劳工砸了地崎组事务所,抢了仓库中的粮食。除自己留用外,还把一部分粮物分给附近的朝鲜和日本的贫苦农民。

十四、石家庄战俘在日本

图43　北海道民间团体挖掘的中国劳工遗骨（何天义研究室征集图片）

图44　姜化民，抗日时期担任河北省广宗县抗日区长，1944年1月遭奸细暗算被俘入狱。后经石家庄战俘营押往日本北海道充作劳工，在战俘劳工中建立了秘密党支部，同敌人进行斗争。日本投降前后，他们联合了13支劳工大队近5 000人在北海道游行，争取生存权利（何天义研究室征集图片）

日本宣布投降时，他们又组织了200名战俘劳工在茂尻镇游行，还印发传单"告日本人民书"，揭露日本帝国主义的侵华罪行，并串联了13个地区的中国劳工4 800多人召开联合会议，建立统一组织，以石家庄劳工队为基础成立了总队，由刘平担任总队长与日方交涉，组织劳工安全返回祖国。归国后，国民党政府把赴日劳工关在天津北洋大学，准备改编成国民党军。秘密党支部知道后又召开紧急会议，组织劳工安全转移，分散逃跑，并在集结地集合了130名党员和积极分子奔赴冀中根据地。

图45 日本悼念亚太地区侵略战争殉难者刻骨铭心会负责人松冈环女士20多年来每年都带团到中国参观考察，这是她到河北省石家庄考察时向省市领导赠送"前事不忘、后事之师"锦旗（从左至右：何天义、松冈环、白启林、朱福奎、赵联增）（何天义研究室拍摄）

总之，石家庄战俘营是华北几个战俘营的典型代表，是日本侵略者奴役、剥削、残害中国战俘和中国人民的缩影，也是中国战俘劳工反抗日本侵略者的真实写照。现下，日本国内有些人却想抹杀这段历史，复活军国主义，今天我们把日军奴役和残害中国战俘劳工的事实揭露出来，目的在于揭穿伪造历史的谎言，让世界人民警惕军国主义的复活，避免那不幸的历史悲剧重演。

图46 河北井陉矿区劳工纪念碑揭碑仪式（何天义研究室拍摄）

图47 华北六省市战俘劳工幸存者及遗属代表悼念受害者（何天义研究室拍摄）

图48　石家庄集中营蒙难同胞纪念碑（何天义研究室拍摄）

图49　石家庄集中营纪略（何天义研究室拍摄）

图50　河北战俘劳工幸存者及遗属在石家庄集中营蒙难同胞纪念碑前祭奠受害者（何天义研究室拍摄）

主要参考文献

[1] 何天义.日军枪刺下的中国劳工（四卷本）[M].北京：新华出版社，1995.

[2] 何天义，何晓.石门春秋[M].石家庄：花山文艺出版社，1995.

[3] 何天义，党福民，李扬.日军侵华暴行（国际）学术研讨会文集[M].北京：新华出版社，1996.

[4] 何天义.二战掳日中国劳工口述史（五卷本）[M].济南：齐鲁书社，2005.

[5] 何天义，范媛媛，何晓.强制劳动——侵略的见证 死亡的话题[M].北京：中华书局，2005.

[6] 谢忠厚，张瑞智，田苏苏.日军侵略华北罪行档案（十卷本）[M].石家庄：河北人民出版社，2005.

[7] 谢忠厚.日本侵略华北罪行史稿[M].北京：社会科学文献出版社，2005.

[8] 何天义.亚洲的奥斯威辛——日军侵华集中营揭秘[M].成都：四川人民出版社，2007.

[9] 何天义.日军侵华集中营——中国受害者口述[M].郑州：大象出版社，2008.

[10] 何天义.日军侵华战俘营总论[M].北京：社会科学文献出版社，2013.

［11］何天义．不应忘却的历史——日军虐杀中国战俘罪行录．南京电影制片厂等，2005.

［12］谢忠厚．河北抗战史［M］．北京：北京出版社，1994.

［13］刘宝辰．花冈暴动——中国"劳工"在日本的抗日壮举［M］．北京：人民出版社，1993.

［14］刘宝辰，林凤升．日本掳役中国战俘劳工调查研究［M］．保定：河北大学出版社，2002.

［15］傅波，肖景全．罪行 罪证 罪责［M］．沈阳：辽宁民族出版社，1995.

［16］陈景彦．二战期间在日中国劳工问题研究［M］．长春：吉林人民出版社，1999.

［17］中共中央党史研究室科研管理部．日军侵华罪行纪实［M］．北京：中共党史出版社，1995.

［18］全国政协文史和学习委员会．魔窟梦魇［M］．北京：中国文史出版社，2005.

［19］王道平．中国抗日战争史［M］．北京：解放军出版社，2005.

［20］郭汝瑰，黄玉章．中国抗日战争正面战场作战记［M］．南京：江苏人民出版社，2002.

［21］［日］上羽修．中国人强制连行的轨迹［M］．东京：青木书店，1993.

［22］［日］田中宏，松泽哲．中国人强制连行资料［M］．东京：现代书馆，1995.

［23］［日］中国人强制连行思考会．来自花冈矿的最底层：第一集．1990.

［24］姜化民．难忘的岁月．1991.

［25］王继荣．小八路——王铭三地下工作纪实．2003.

［26］朱韬．原草．2003.

［27］梅欧．日寇战俘营纪实．2004.

［28］武心田．矿山在欢笑［M］．哈尔滨：黑龙江人民出版社，2005.